A ESTUPIDEZ HUMANA

No Admirável Mundo Novo de 1984

Aurélio Garcia Laborda Neto

2021|2023

Dados Internacionais de Catalogação na Publicação (CIP)

(Câmara Brasileira do Livro, SP, Brasil)

Aurélio G, Laborda Neto
    A estupidez humana : no admirável mundo novo de
1984 / Aurélio G, Laborda Neto. -- 1. ed. -- Salvador :
Ed. do Autor, 2021.

    ISBN 9798747699465

    1. Ciência política 2. Comunismo 3. Democracia
4. Ditadura 5. Geopolítica 6. Governança global 7.
Globalismo 8. Liberdade I. Título.

21-65052   CDD-327.172

Índices para catálogo sistemático:

1. Governança mundial: Ciências políticas: 327.172

Maria Alice Ferreira - Bibliotecária - CRB-8/7964

Revisão texto: Ivete Depelegrim Ribeiro

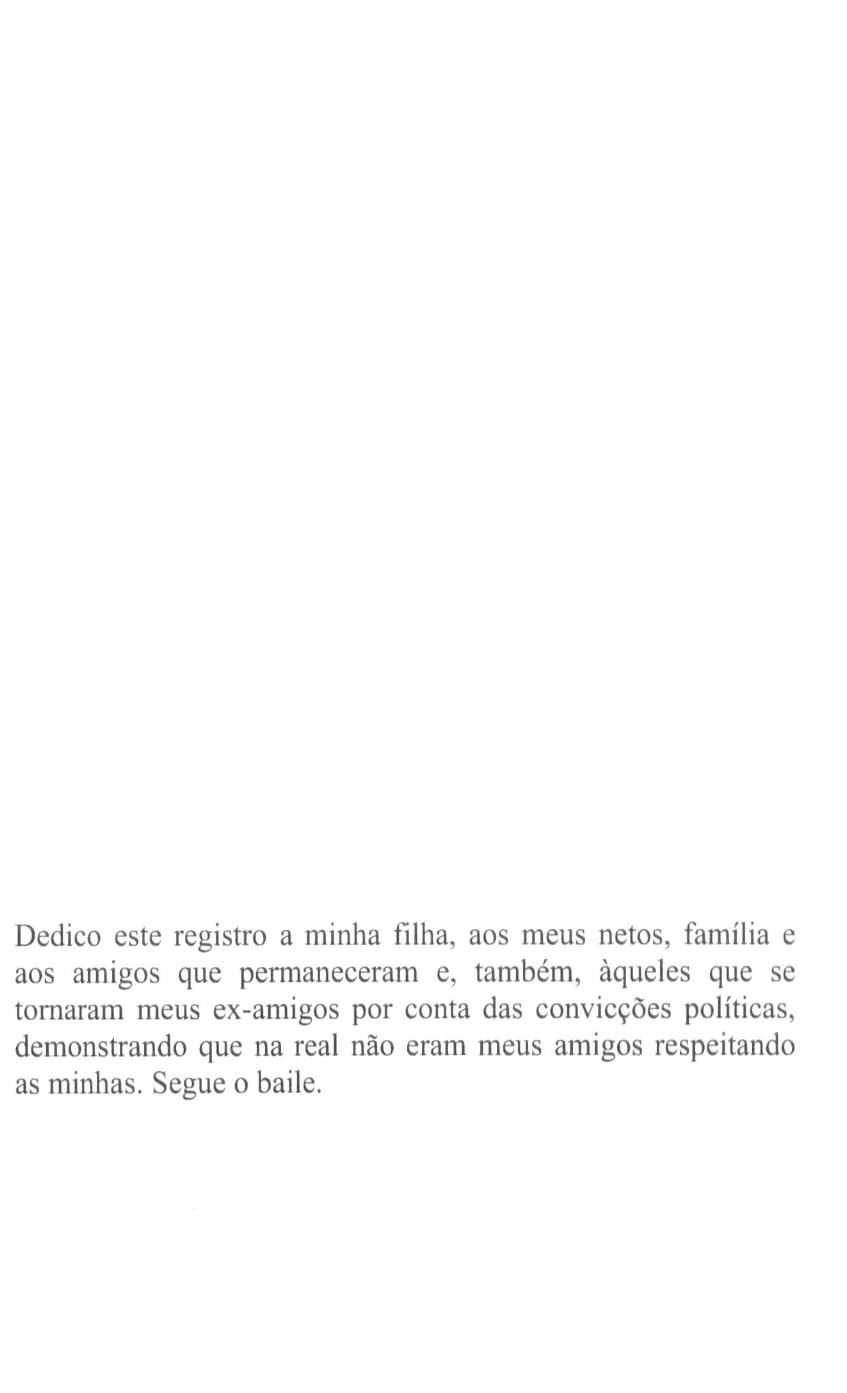

Dedico este registro a minha filha, aos meus netos, família e aos amigos que permaneceram e, também, àqueles que se tornaram meus ex-amigos por conta das convicções políticas, demonstrando que na real não eram meus amigos respeitando as minhas. Segue o baile.

Aurélio Garcia Laborda Neto, brasileiro de Recife nasceu em 07 de Janeiro de 1955, cursou jornalismo no Rio de Janeiro e licenciatura em Artes Cênicas na Bahia, não concluindo nenhuma delas. Foi por mais de 30 anos produtor executivo no teatro, televisão e propaganda. Hoje, presta consultoria para criação, elaboração, execução e acompanhamento de projetos culturais incentivados e está em sua segunda aventura literária.

Contato:
labordaproducao@gmail.com

No prelo do mesmo autor – Literatura Infanto-juvenil

Xiszito Megawhatts – Uma aventura eletrizante

In Memoriam

Georgete H. Laborda, minha mãe; a ideia do humanismo.

Antonio Laborda, meu pai; observar a política.

Antonio Fernando Laborda, meu irmão e amigo, cheio de razão.

Olavo de Carvalho, motivação e subsídios para este livro.

Nelson Lobo, conselhos do pai da minha galera de Cachoeira na Bahia.

Antonio Abujamra, provocações filosóficas em SP.

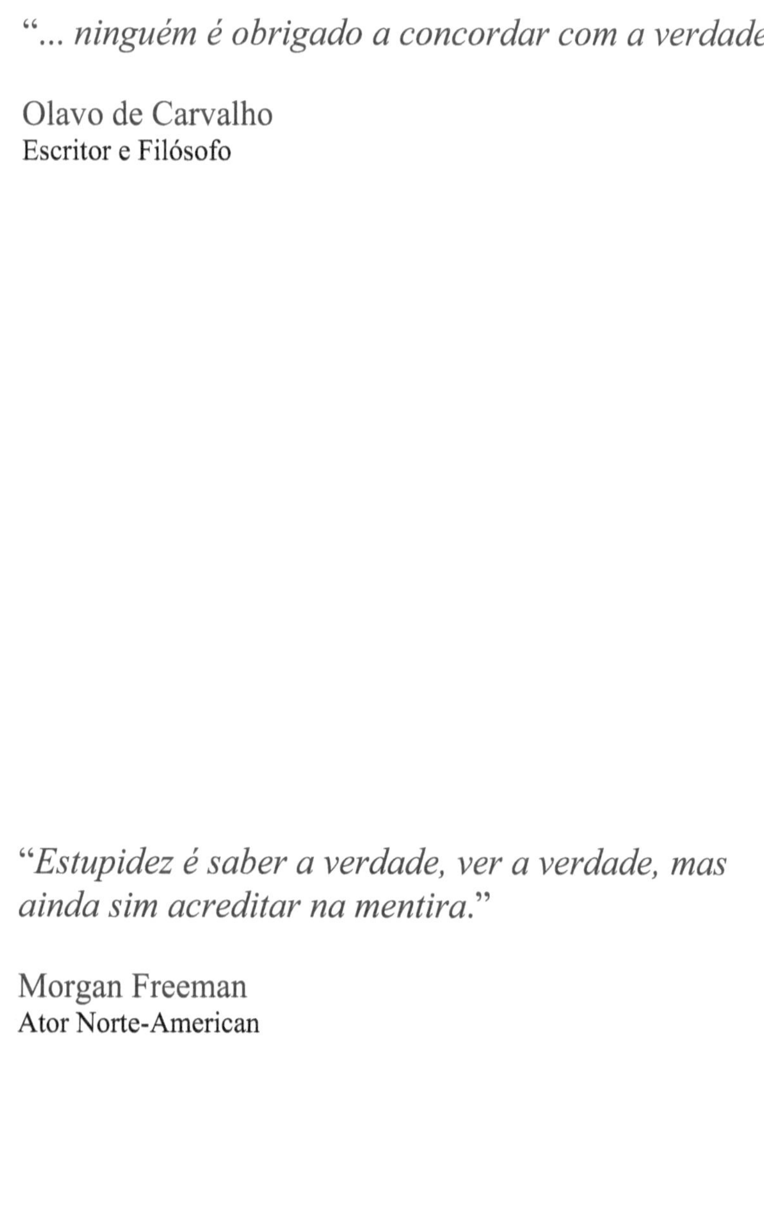

"*... ninguém é obrigado a concordar com a verdade.*"

Olavo de Carvalho
Escritor e Filósofo

"*Estupidez é saber a verdade, ver a verdade, mas ainda sim acreditar na mentira.*"

Morgan Freeman
Ator Norte-American

A ESTUPIDEZ HUMANA

No Admirável Mundo Novo de 1984

Advertência

Antes de mais alguma coisa e para prosseguir adiantando o lado do leitor convém definir logo que não tenho pretensões literárias ou políticas e aviso também que não me arisco a dizer que sou escritor coisa que não sou mesmo e nem tão pouco intelectual muito menos aspirante a filósofo a historiador a cientista político um psicólogo ou psiquiatra especialista de qualquer coisa ou contador de estórias e também não sou um intelectual no sentido restrito da palavra porque não tenho nem a prática nem atributos de um intelectual que fica 18 horas por dia lendo escrevendo e reescrevendo e jogando fora boa parte do que escreve e sequer insinuar que sou um aprendiz de filósofo porque não sou e sei também que não tenho nem uma filosofia própria mais eu sei que carrego comigo as mesmas angústias dos intelectuais e dos filósofos quanto a todas as incertezas que cerca o mundo real e a mim mesmo posto em um mundo real cheio de incertezas e isso em todas as horas que vivo tentando responder as questões do "por que" da minha e da existência humana somente para saber o que estamos fazendo em benefício próprio e para a humanidade e também não é um tipo de angústia que me leve a sentar em um divã de um analista porque ele também não terá respostas e não vai conseguir aplacar minhas angústias e no máximo vai me dar um diagnóstico lógico receitar meia dúzia de barbitúricos e me mandar para casa ou sanatório e embolsar umas moedas achando que resolveu meu problema porque não vão e quanto mais eu mergulho profundamente nesta obsessão de querer respostas para tudo e principalmente o porquê para a estupidez de nós humanos e eu digo que "sei que nada sei" e não me venham dizer que copio Aristóteles Platão ou Sócrates porque até hoje ninguém sabe ao certo qual deles cunhou a frase porque copio dos três e só sei com uma certeza meia boca de que minha cura para esta angústia está longe de ser encerrada ou nunca terá um fim enquanto viver e é meio loucura querer saber algo que não se tem uma resposta objetiva e que dê por encerrada a questão sendo que o sentido da vida é complexo é insondável e misterioso o que me leva a não ter autoridade intelectual nenhuma para expor o que vai em seguida mais que apenas tive a ousadia de colocar no papel estas impressões e mais ousado ainda foi publicar um assunto que considero preocupante para o futuro da humanidade e que estranhamente ninguém fala neste assunto de tamanha gravidade para os humanos e se depender dos interessados nunca será debatido e ficará no maior silêncio nos próximos anos e será pouco ou quase nada divulgado e discutido principalmente nas mídias tradicionais e universidades e a razão de não fazerem vocês saberão mais adiante e o estarrecedor é que poucos percebem estes momentos de tensões em que vive a humanidade motivo mais do que suficiente para levantar a poeira e soltar o verbo por escrito nestas páginas analisando fatos desta realidade que vai transformar na força a vida das pessoas no planeta até aquelas que ficam ouvindo analistas midiáticos que vão impondo na sorrelfa para os estúpidos humanos os planos globalistas e a agenda 2030 da ONU e se quiserem um rótulo ou

classificação desta proposta vamos chamá-la de uma catarse filosófica de botequim sobre a atual realidade geopolítica

ou uma crônica desesperada em formato de livro e foi apenas isto que eu quis fazer colocando no papel e deixar registrado minha percepção desta realidade sociopolítica do momento no mundo misturado com algumas considerações pessoais baseadas nestas observações factuais preocupantes com algumas pitadas de ironias que um leitor perspicaz saberá distinguir e separar uma da outra e que estas considerações e ironias poderão por certo serem contestadas e a segunda coisa é definir o significado que dou para a palavra estupidez que em classificação muito pessoal e depois de analisar os dois significados para a palavra que um respeitado dicionário (Michaelis) especificou do termo eu separo aqui a estupidez que assola humanos em dois grandes grupos que se desdobram em subgrupos sucessivamente e que é prato cheio para quem gosta de ficar desdobrando temas e ficarei por hora com os dois grandes grupos que são os mais importantes para este relato e neste papel estará tudo o que vejo da realidade agora em 2020\23 e minha perspectiva para aonde descaminha a humanidade e tentar também conferir a interdependência existente entre os grupos que citarei para conviverem em harmonia no maior faz de contas tanto um como outro e toda via eles são antagônicos nos objetivos e assim vão coexistindo em uma espécie de mutualismo social consentido um na preguiça intelectual e o outro na imposição totalitária e vamos ao primeiro grupo que é formado por indivíduos que *"expressam atitudes que revelam indelicadeza incivilidade e grosseria"* destaco aqui a incivilidade e os elementos que formam este grupo que de maneira pensada domina e subjuga o segundo grupo de indivíduos que infelizmente possuem a *"qualidade ou características do que é estúpido ou da falta de inteligência"* ou que não exercitam sua inteligência para desenvolverem ideias próprias formulando pensamentos originais e que é dominado e subjugado pelo primeiro grupo de estúpidos humanos que ditam violentamente a vida o discurso e tudo o mais que puderem impor e então podemos já tirar alguma conclusão óbvia de que é imprescindível dizer e deixar bem claro que a estupidez está presente nos dois grupos de estúpidos humanos naqueles que oprimem com sua incivilidade

e também aparece no grupo de estúpidos humanos oprimidos com sua deficiência intelectual somado a sua preguiça de aprender e que não é o propósito deste relato abordar comentar opinar e nem de longe concluir sobre as causas neurológicas ou psicossociais que determinam a existência de tantos estúpidos humanos do segundo grupo habitando o planeta e esta tarefa deixo para quem estuda e entende do assunto e assim como não me atrevo a comentar sobre as causas nem tão pouco questionar os estudos experimentais de comportamentos sociais dos pesquisadores Stanley Milgram com sua tese Estudo Comportamental da Obediência e Salomon Asch com a Teoria da Conformidade Social também não apontaram diretamente para as causas e não serei eu a dar palpite tendo pessoas mais qualificadas para tanto porém as obras dos pesquisadores citados acima talvez possam dar subsídios ou pistas para novas pesquisas sobre as causas porque as publicações não trataram delas e sim anotaram uma para a constatação da existência de uma tendência dos estúpidos humanos do segundo grupo em obedecer cegamente a uma autoridade mesmo que entre em conflito com o bom senso e a própria percepção anulando a capacidade pessoal de expressar sua compreensão da realidade ou para a outra pesquisa que aponta o efeito manada que nada mais é do que a necessidade dos estúpidos humanos do segundo grupo pertencerem a um ajuntamento de pessoas chegando ao ponto de negarem ou omitirem suas convicções seus valores morais em troca de ser aceito e seguir a manada e as experiências que levaram os pesquisadores a constatação de uma obediência cega a uma autoridade e a necessidade de pertencer a uma manada corrobora com a mesma constatação deste relato sobre a existência e apenas a existência e não as causas de termos uma maioria de estúpidos humanos do segundo grupo no mundo e indagar qual a necessidade destes humanos da Era Moderna em obedecer cegamente a uma autoridade se nas democracias temos Leis que acolhem o instituto da desobediência civil quando o estado ou seus agentes impõem uma ordem absurda ou inconstitucional ou essa necessidade premente quase obsessiva de querer pertencer a um grupo se não vivemos mais uma vida primitiva ou tribal aonde essa necessidade fazia algum sentido em submeter-se ao coletivo porque era fundamental pertencer a um grupo para a sua própria proteção e a sobrevivência do indivíduo mais hoje não é mais uma necessidade vital e não faz sentido essa histeria coletiva e explico que a necessidade desesperada das pessoas de pertencerem e serem aceitas em um grupo já foi comprovada o que estas pessoas têm que saber é que elas podem viver com ou sem pertencerem a um determinado grupo ou a vários e isto só é possível nas democracias e a nosso favor a liberdade e a opção de decidir se aceitamos ou não as regras de um grupo e com isso não violamos nossas convicções morais políticas e religiosas e percebam que temos uma overdose de pertencimento pois já nascemos pertencendo a um agrupamento humano que naturalmente nos protege como o grupo familiar e ao longo da vida entramos e saímos simultaneamente em várias grupos começando com o grupo da rua da escola do futebol da faculdade da balada da política do trabalho do clube do churrasco e em cada um deles sempre as opções de continuarmos ou sairmos para outros mais adequados aos nossos valores e apenas os lobotomizados pela seita comunista não evoluem e ficam empacados como mulas em apenas um só grupo e neste relato quando falar em comunistas incluam no balaio do comunismo seus satélites mais modernos como a social democracia girando sempre em torno da "bíblia" marxista e que nada mais são do que comunistas de banho tomado e a barba aparada sempre elegantes sofisticados e não pára por aí tem também várias tribos de minorias capturadas pelos comunistas e espalhadas por vários nano partidos turbinados com milhões de dólares dos globalistas e ainda tem os estúpidos humanos do segundo grupo que também são idiotas úteis seguidores da seita comunista e alguns até remunerados todos eles propagadores de mentiras programadas e que fazem patrulhamento nas redes a procura de pessoas que postam comentários que desmontam estas narrativas programadas e basta sacar da cartilha uma palavra chave pensada por intelectuais marxistas para como mágicos turvar uma mente limpa e colocar a pessoa na parede quando por exemplo sacam esta "as fontes quero as fontes" e as pessoas ficam intimidadas a provar com fontes que obviamente não serão aceitas ainda mais se a pessoa for a fonte secundária que pesquisou o assunto em versões antagônicas para formar seu próprio juízo sobre o assunto a pessoa é logo emparedada ou seja eles não querem que você pense eles não querem que você seja a fonte do seu próprio pensamento e fazem de tudo para empurrar um raciocínio alheio programado para lhe convencer que suas próprias conclusões não tem fonte confiável e lamentavelmente alguns se inibem tanto que até param de falar no assunto e este é um exemplo claro de

técnicas utilizadas nas redes sociais pelos comunistas na guerra

e os estúpidos humanos do segundo grupo que não são os heróis ou vilões desta história reconheçamos que sem a sua participação ativa como a dos oprimidos satisfazendo seus interesses mesquinhos nos acenos dados pelos endinheirados estúpidos humanos do primeiro grupo e a humanidade jamais chegaria nesta encruzilhada entre escolher o caminho da democracia e liberdade ou escorregar para a tirania e a opressão do comunismo\globalismo como vejo nessa massa descomunal de estúpidos humanos do segundo grupo inocentemente escolhendo este caminho aparentemente justo e bem intencionado que na maioria das vezes nem sabem que são guiados dominados e oprimidos e que os indivíduos do primeiro grupo sabem muito bem que exercem domínio e subjugam o segundo grupo usando na maioria das vezes instrumentos ilegais outras sem nenhum escrúpulo com dinheiro ou montando ardis e muita artimanha e outras maneiras de agir introduzidas lentamente e que vão violentando

as liberdades individuais aos poucos porque este é o objetivo final dos estúpidos humanos opressores modernos endinheirados politicamente corretos engajados depilados elegantes e perfumados

que querem lhe conceder coisas barganhando outras mais não podemos atribuir a estes o conceito de estúpidos porque foi somente uma maneira de diferenciar a posição dos grupos na escala de comando definindo quem ordena e quem obedece e foi uma maneira que eu encontrei de dizer que eles representam a personificação do mal nesta narrativa e são pessoas desprovidas de quaisquer sentimento de piedade ou compaixão assim como os psicopatas que representam a incivilidade e a irracionalidade humana e por tudo isso juntei os estúpidos humanos psicopatas que mandam no primeiro grupo e para contraponto temos a estupidez do segundo grupo e sua deficiência cognitiva que obedece e é uma massa com seus diversos subgrupos misturados e coloridos que eu destaco aqui os isentos que são aqueles que dizem com estúpida altivez "não sou de direita nem de esquerda" e se não fazem a ideia de qual lado estão nesta guerra não declarada saiam do muro porque vocês podem receber chumbo grosso dos dois lados e neste momento a neutralidade é a pior opção e se querem mesmo saber o que está acontecendo neste momento e antes que se diga que o mundo está de cabeça para baixo basta você começar respondendo quais sãos as causas a defender se a causa democrática ou a causa comunista e ainda responda para si quais são os seus valores morais e mais quais são seus objetivos nesta vida e com as respostas vai perceber o que você é de verdade e o que você quer respondendo em qual regime viver mas é preciso estudar os sistemas econômicos e sociais que regem os regimes políticos da moda como a democracia e o comunismo e tentem fazer um comparativo intelectualmente honesto entre os sistemas econômicos e regimes políticos com fontes confiáveis alicerçando sua escolha e não deixando ser influenciado ou manipulado pelos doutrinadores de plantão encastelados nas universidades nas grandes corporações midiáticas nas produções artísticas e falando em multidões outro subgrupo de estúpidos humanos numeroso violento e latindo mais do que mordendo são os fanáticos adestrados seguidores da seita comunista e reparem que é aquela turma de oligofrênicos do primeiro grau que mal alcançam um QI de 50 pontos reforçado com mais oligofrênicos do segundo grau definida em psiquiatria como grau de imbecilidade somado aos milhões de isentos e alienados do que acontece na política e que ficam o dia todo vendo tv ou no celular como única fonte de informação formando um gigantesco exército de zumbis prontos a obedecer e percebam que comentarei aqui sobre as escolhas políticas dos estúpidos humanos do segundo grupo e não do seu trabalho ou negócios que podem ser bem sucedidos mas ao mesmo tempo o sujeito pode ser aquele idiota útil descrito pelo psicopata Gramsci quanto as escolhas política e eu errei muitas vezes nas escolhas políticas sendo mais um estúpido humano porém me esforço para não ser e aumento minha responsabilidade pelas escolhas políticas que faço porque ela afetará outras pessoas ao passo que as minhas escolhas para planos pessoais só a mim prejudicam e todos estes digamos atributos listados me parecem ser uma parte do perfil do contingente dos subgrupos de estúpidos humanos do segundo grande grupo que personificam não o bem em si mais a ignorância dos indivíduos até sua iluminação pela inteligência porque na verdade os estúpidos humanos do primeiro grupo

não têm nada de estúpido no sentido da falta de inteligência ao contrário eles são mesmo incivilizados muito espertos

e é o que falta ao segundo grupo ter a coragem de usar a inteligência e a percepção para fazer uma leitura pessoal da realidade para defender-se ou contrapor-se às manipulações incivilizadas do primeiro grupo de estúpidos humanos e suas mídias e políticos comprados e representado aqui com total justeza pelos principais e mais asquerosos genocidas psicopatas que a humanidade nos deu e tiveram poderes para atuar em nome do povo ou poderes que foram tomados à força e isso somente nestes tempos modernos citando apenas alguns como exemplo ilustrativo para não causar ânsia de vômitos nos leitores e lá vão algumas celebridades desta mórbida galeria como um Stálin um Hitler o Mussolini um Mao-Tsé-Tung o Ho-Chi-Minh um Pol-Pot o Kim-Jong I e II um Fidel o Slobodan Milošević um Ceausescu um Obiang o Kadafi um Id Amim o Agostinho Neto aquele passarinho do Hugo Chaves e um caindo de Maduro a galeria macabra é extensa e os horrores provocados por estas mentes doentias estão todos lá nos anais da história e que alguns estúpidos humanos querem reescrever apagando fatos seletivos provando a psicopatia dessa gente que não se comove em apagar da história o Holodomor ucraniano do deixa morrer de fome dos humanos inocentes vítimas de facínoras comunistas e pesquisem que com certeza encontrarão mais de uma centena de nomes e quem é que pode apontar humanidade para alguém desta listinha de estúpidos humanos do primeiro time do primeiro grupo e eu ainda creio que ninguém com uma nesga de sensibilidade humana também não apontaria qualquer traço civilizacional nestes estúpidos humanos a não ser os camaradas e comissários fanáticos lobotomizados da seita comunista que não registram um pingo de humanidade na sua inútil vida e nem querem cultivar este sentimento de piedade e compaixão por tudo e que alguns humanos fazem uso e não me venham falar do lado bom e humano dos genocidas carregando abraçando e beijando criançinhas para fotografias da propaganda que acompanha qualquer tirano e narrados por seus biógrafos porque simplesmente eles não têm estes sentimentos ou recusam-se a usá-los assim como fazem os psicopatas e como eles não estampam na testa o carimbo de genocida nós só vamos descobrir o que são depois da tragédia consumada como várias registradas na história que insiste em nos passar lições que desprezamos sempre errando continuamente repetindo-as desde o nascedouro até seu desfecho na roda do moto-perpétuo da vida sem qualquer possibilidade de parar esta estupidez e a história também prova a gestação mais do que cinquentenária do diabólico plano de governança mundial e incluo neste balaio a mais recentemente hegemonia de governos da Social Democracia na União Europeia que há mais de 30 anos no poder também vem colaborando intensamente para execução do famigerado plano e por nossas bandas aqui do sul o estrondoso sucesso do Grupo de Puebla antigo Foro de São Paulo na infiltração bem sucedida das instituições democráticas da América Latina e Central e agora também na América do Norte e estas ações não foram entendidas como ameaças pelos estúpidos humanos do segundo grupo em geral e muito menos tiveram uma reação proporcional e tudo isto acontecendo aqui e no mundo todo com uma sincronia e rapidez impressionante que chamar isto de uma coincidência ou teoria da conspiração é desprezar nossa capacidade de pensar de ligar os pontos e questionar quando nada o óbvio e um ocaso deste tamanho não acontece por acaso porque foram necessários uma organização descomunal nunca vista entre os bilionários e uma aliança nefasta entre eles e os comunistas que levariam muitas décadas sendo pensadas e implementadas até hoje e que é na verdade o tempo necessário para consolidar a Nova Ordem Mundial e tempo só os comunistas têm e o resto é o dinheiro e muito dinheiro que só os globalistas têm para torrar em mais esta empreitada de loucos psicopatas querendo dominar a Terra parecendo enredo de ficção científica para histórias em quadrinhos de super-heróis e quem dera fosse isso somente porque para destruir uma democracia nos tempos atuais não é mais necessário tomar o poder na força das armas como alguns remanescentes dinossauros comunistas ainda sugerem sem necessidade porque hoje basta apenas que em uma democracia tenha um congresso ou parlamento e uma suprema corte com maioria de esquerda e um executivo ou primeiro ministro também esquerdista e todos eles eleitos pelos estúpidos humanos e pronto criou-se o caldo bem azedo e assim sem um tiro está acabada mais uma democracia com a cumplicidade dos eleitores e é o que vemos é o que veremos em um futuro bem próximo a captura das democracias pelos "comuno-globalistas" e com este domínio político hegemônico associado a uma imprensa totalmente vendida e uma academia formando idiotas úteis sem contar as instituições aparelhadas garantem a consolidação das leis mais repressivas e totalitárias que vão aos poucos sendo aprovadas até chegarem no partido único e na censura prévia oficial e chegando finalmente na supressão dos direitos individuais e na criminalização da liberdade de expressão e em outra ponta o controle estatal da economia com a abolição da propriedade privada e todas as maravilhas que um regime totalitário proporciona aos estúpidos humanos que vão crendo firmemente que vivem em uma democracia como descreveu Aldox Husley no século passado e tudo isto acontecendo agora e nada detendo o avanço sem barreira do plano diabólico e não será coincidência o que é muito mais improvável é que todo mundo no mundo todo resolveu ao mesmo tempo entender e aceitar viver em uma tirania nos moldes comunistas e assim do nada de uma hora para outra aceitar calado a comunização da humanidade que se instala nem tão discretamente no mundo todo sob os auspícios dos globalistas e na conivência de governos progressistas e de políticos corruptos espalhados pelo mundo e pelo incentivo escandaloso da

ONU que hoje infelizmente é um instrumento a serviço dos globalistas e comunistas e não das nações livres e democráticas

e vai chegando ao fundo do poço da decadência moral quando indicou e aprovou Cuba e China no Conselho dos Direitos Humanos violando as próprias recomendações contidas na Carta dos Direitos Humanos assim como fez um certo colegiado do STF brasileiros violando nossa Carta Magna e reparem a humilhação só para lembrar um item da Carta dos Direitos Humanos da ONU nenhum ser humano será preso ou torturado por suas convicções políticas e na Cuba e China dos comunistas da ONU da imprensa dos globalistas das celebridades endinheiradas e dos idiotas úteis que espalham a desinformação de que isso não acontece na China ou Cuba quando até o pipoqueiro aqui da esquina sabe que os dissidentes políticos nestes países vivem perseguidos e suas liberdades individuais violadas e suas casas invadidas e suas famílias ameaçadas e destruídas seus passos rastreados para onde for no mundo e sumariamente são executados como fizeram com Trotsky e para coroar o aparente nonsense a ONU escolheu o Irã para o Conselho de Direitos da Mulher sim da mulher que é a mais oprimida nos regimes islâmicos e não é piada nem conspiração e não me venham dizer que é paranoia porque eu não brigo com os fatos e o que está acontecendo com a ONU não há outro veredito qual seja o de que eles trabalham para os comunistas e globalistas e entendam esta manobra de incluir países de regimes totalitários no rol de nações cooptadas como parte do plano de aproximação para implantar o governo mundial entre outras aberrações cometidas pelo alto comissariado e isto serve para comprovação da existência do espectro político da ONU empenando a chapa na cara dura sempre para a esquerda revelando sua preferência política e só falta candidatar-se a sede da governança mundial em um futuro bem próximo de um governo da Nova Ordem Mundial e isto corresponde aos fatos reais de hoje e é só botar a cara na rua e a cabeça para funcionar ligando os neurônios e acompanhando os fatos políticos aparentemente isolados entre si e sem conexão mais que guardam semelhanças na real intenção de tomada do poder mundial e os envolvidos escancaram esta convergência para um só objetivo que é o de unificar para dominar todos os estúpidos humanos do planeta e até o ocupante usurpador do trono de São Pedro quer levar o rebanho para unificar as religiões e vocês ainda acreditam em coincidências ou teorias da conspiração o jogo do poder mundial está sendo jogado agora e tomem todo cuidado com as fontes de informações tradicionais todas elas em sua maioria em mãos de corporações globalistas aonde tem um pouco de tudo que vai da mentira deslavada e da propaganda até uma orquestração mundial para manipulação ou omissão da informação como fizeram na "fraudemia" do vírus chinês e ainda bem que estas fontes descaradamente poluídas encontrou diversos contestadores na internet que na maioria das vezes desmascara e desmente com racional facilidade a manipulação da informação do noticiário tradicional trazendo a verdade e por ter se vendido a um lado a imprensa tradicional deixou de cumprir seu papel nas democracias quebrando seu próprio pilar e vai perdendo credibilidade e audiência e os blogs e sites independentes ganham projeção e seguidores aos milhões ao ponto de serem objetos de discussões nos congressos e tribunais mundo a fora com países proibindo ou restringindo o alcance e o conteúdo publicado na internet bloqueando ou banindo o pensamento conservador das redes sociais assim como fez a suprema corte brasileira com um inquérito chamado "do fim do mundo" assim cognominado por um de seus membros apontando a flagrante ilegalidade do inquérito persecutório e tudo para que os estúpidos humanos do segundo grupo não tenham uma outra opção de mundo a não ser a que os comunistas e globalistas querem e impondo a humanidade uma prova inequívoca de que o globalismo será totalitário e opressor assim como o comunismo e os aspirantes a fascistas donos de redes sociais chegaram ao cúmulo de violentar a liberdade de expressão de um presidente da maior nação democrática do mundo banindo-o e demonstrando que os globalistas vieram para impor sua seita censurando e banindo quem não seguir a cartilha 'comuno-progressistas" e ainda temos os estúpidos humanos do segundo grupo que também são idiotas úteis seguidores da seita comunista alguns até remunerados e todos eles propagadores de mentiras programadas e que ainda fazem o patrulhamento nas redes sociais a procura de pessoas que postam comentários que desmontam e desmascaram as narrativas mentirosas construídas todos os dias pelos comunistas detentores do monopólio da (des)informação em todas as esferas da sociedade para então perseguir depois calar e em seguida cancelar e dê seus pulos como se diz na Bahia e fim de conversa não tem contestação muito menos o contraditório e se insistir todos banidos e aonde a censura dos moleques bilionários do Vale do Silício já bateu no pescoço e a participação das redes sociais nesta trama de governança mundial só prova que há mesmo um gigantesco e bilionário plano satânico de dominação dos povos através da imbatível aliança entre o capital das elites bilionárias globalistas da Nova

Ordem Mundial e os cabeças de bagre fanáticos obedientes e bem remunerados comunistas e todos infiltrados nas instituições democráticas e redações de noticiosos e opinativos prontos para mais um trabalho sujo e que se duvidarem tem comunista até debaixo das nossas camas tomando nota do dia-a-dia e graças a incrível estupidez humana do segundo grupo cuja indolência e incapacidade de uma reação acabou permitindo este crescimento exponencial da cultura marxista nos diversos extratos da sociedade nos últimos 30 anos e uma reação a este massacre doutrinário paciente midiático demora a surgir e os estúpidos humanos do segundo grupo colaboram para sua própria derrocada porque sem eles este sucesso crescente da hegemonia da cultura marxista em todos os países e sociedades do mundo nunca teriam sido alcançados sem esta colaboração voluntária dos estúpidos humanos no papel de idiotas úteis e o resultado foi desastroso para as democracias abrindo-se uma fenda nas defesas entre um mundo de plena liberdade e o outro de censura e repressão e o resultado foi um irrecuperável estragos na cultura ocidental e foram certeiros nos objetivos comunista de desconstrução total dos pilares da civilização ocidental neles incluídos o instituto da família da justiça das liberdades civis o estado de direito e que serão sempre os alvos de fanáticos da extrema esquerda e era inevitável fazer estes esclarecimentos sobre o significado de estupidez como atitude e ações vindo de animais ditos racionais e destacadas as diferenças entre os grupos pergunto ao leitor se ele percebe se tem menos estúpidos humanos do primeiro grupo manipulando a informação começando pelos governos pela imprensa nas universidades e redes sociais do que estúpidos humanos do segundo grupo sendo manipulados pelos cordéis desta manipulação orquestrada e sem fim e ter esta percepção é importante para tentar nos ajudar a compreender por quais razões fornecemos números grandiosos e somos a base das sociedades e no entanto não correspondemos com nossos pensamentos e temos muito mais estúpidos humanos do segundo grupo manipuláveis por aí do que do primeiro grupo em números absolutos pesados e medidos ao longo dos vários milênios da existência humana e uma constante que sempre aparece ao longo dos tempos é a constante de estúpidos humanos do primeiro grupo querendo dominar em todos os aspectos a vida de outros estúpidos humanos do segundo grupo e esse contingente poderoso de estúpidos humanos do segundo grupo poderia acabar com esta farra dos psicopatas genocidas se usassem os conselhos do Raul Seixas de tentar usar os "dez por cento de sua cabeça animal" e o que revela a realidade é que sempre tem pouca gente disposta a lutar por liberdade e sempre tem milhares dispostos a serem dominados em nome de um questionável "é para seu próprio bem" que virou uma muleta para justificar qualquer medida ditatorial desde a Alemanha nazista até hoje e sempre usada a exaustão nesta "fraudemia" do vírus chinês e esses tutelados não têm a mínima noção do preço que pagam pela estupidez de abdicarem da liberdade e independência e o mundo civilizado não estaria em franca degradação moral se a imensa maioria dos estúpidos humanos do segundo grupo possuíssem algum grau de inteligência para frear a incivilidade de uma minoria de estúpidos humanos endinheirados do primeiro grupo ao longo dos milênios e foi assim deste os primórdios uma maioria de estúpidos humanos subjugados por outra minoria de estúpidos humanos histéricos psicopatas genocidas a história seria outra com milhares de conflitos evitados e milhões de vidas poupadas e não reconheço até aqui nenhuma evolução na marcha da humanidade em direção a um ponto de equilíbrio de paz e de solidariedade harmoniosa e respeito ao que pensa o outro entre os ditos animais racionais e notem que os conservadores preconizam que sejamos livres e os globalistas e comunistas impõem o que eles querem que você seja e pense fazendo tudo sem questionar nada e se espremermos a história pouco ou quase nada sobrará para podermos afirmar que evoluímos neste mundo habitado por estúpidos humanos dos dois grupos e vejam que no princípio era o caos e começamos o mundo assim como definiu o Gênesis no Antigo Testamento e parece que continuaremos nesta fase caótica de onde aliás talvez nunca tivéssemos saído porque a cada Era o caos e a incivilidade e a estupidez humana aumentam exponencialmente sem que nos déssemos conta de que evoluímos para retornar ao princípio caótico desprovido de humanidade e mais cruel e violento como dos primórdios e a cada período evolutivo nos tornamos mais desumanos cruéis e abjetos porque uma maioria de estúpidos humanos de ambos os grupos dos tempos atuais já aceitam com raríssimas exceções o assassinato de crianças no ventre materno ou como ativistas ou como simpatizantes pro aborto e é inacreditável que a imposição de uma lei desumana e extremamente bárbara venha deixar estúpidos humanos felizes e emocionados exaltando o assassinato de indefesos e isto é o que eu chamo de psicopatia coletiva e são os mesmos que são contrários a pena de morte para assassinos estupradores latrocidas e não há constrangimento algum

para assassinar crianças no ventre materno e estes comunistas assassinos o fazem com uma satisfação mórbida esfuziantes comemorando publicamente a possibilidade de matarem seres humanos indefesos

e só este fato já comprova que os estúpidos humanos retrocederam á barbárie dos primórdios a cada período que a sua trôpega evolução avança e talvez seja por este motivo que nós vamos viver no eterno caos e que nunca sairemos dele e sempre tem uma guerrinha por aí antes das grandes e isso é uma realidade acachapante e até certo ponto aceitável pela hipocrisia vigente dos estúpidos humanos do segundo grupo e que os globalistas da Nova Ordem Mundial e os psicopatas comunistas mancomunados querem aproveitar esse momento de eterno caos no mundo para um implementar o tão sonhado paraíso utópico socialista e o outro querendo uma governança mundial anunciando uma encrenca global para o futuro com a nefasta possibilidade de uma governança mundial

recomeçando o mundo social e econômico do zero sem fronteiras sem heranças culturais sem famílias sem a religiosidade inerente a cada ser humano e sem um pingo de compaixão ou piedade

fenômenos obsoletos de um mundo antigo e bárbaro para os dias hipócritas de hoje que considera normal matar legalmente seres vivos no ventre materno e ao mesmo tempo fazer muxoxo para pena capital dos crimes hediondos demonstrando o quanto evoluímos na reprodução de estúpidos humanos dos dois grupos e assim estando prontos para os experimentos mais sórdidos de reengenharia social que virão destes senhores comunistas psicopatas e das elites bilionárias da Nova Ordem Mundial e que não passam de uma velha loucura utópica marxista que a tecnologia e o dinheiro das elites bilionárias vão ajudar na implementação e concretização desta tão almejada utopia idealizada por psicopatas marxistas onde as pessoas comuns não terão mais liberdades individuais e nem a propriedade das coisas mais sim usar as coisas com menos liberdade e também porque este obsceno recomeço mundial vem disfarçado em ideais socialistas porque são mais palatáveis e simpáticos aos estúpidos humanos do segundo grupo vendendo para eles a impossibilidade da igualdade social e econômica entre uma maioria remediada e inculta que obviamente não pertencem as classes sociais abastadas igualmente inculta e dirigentes mal sabendo que às elites bilionárias continuarão com a sua liberdade e fortunas intactas e que o mundo não pode ter tranquilidade e paz porque sempre terão demônios sob a roupagem de ovelhas ou com o terno e gravata dos tiranos modernos soltos entre os estúpidos humanos do segundo grupo para literalmente infernizar nossas vidas e a deles também e pensávamos que a tirania antigamente limitava-se a um indivíduo ou outro neste ou naquele país para depois de dominar sua gente estes governantes fascistas passariam a querer o mundo e todos aqueles que deliraram nessa mesma batida acabaram muito mal e assim a história provou que não aprendemos nada e o mundo moderno com avanços tecnológicos expressivos pensou que estivéssemos livres destes psicopatas genocidas enganaram-se todos porque a tecnologia não tem ideologia mas pode ser usada por alguma para o bem ou para o mal e agora surgem não só um tirano em um só país mais uma centena deles em diversos países e todos de uma só vez em uníssono decididos a subjugar a humanidade sem qualquer cerimônia neste plano sinistro de governança mundial que não sabemos como será mais o que assistimos é uma legião de tiranos psicopatas que não se conta mais nos dedos é uma penca é uma praga financiada pelas elites bilionárias do mundo com o suporte dos vagabundos intelectuais marxistas ajudados pelos estúpidos humanos do segundo grupo que na sua maioria entregam sem resistência sua liberdade em troca de uma segurança meia boca e conforto material e outros que são somente adeptos da seita capturados nas universidades na imprensa e lobotomizados para trabalhar pela seita comunista e somando à manada dos estúpidos humanos temos os isentos do clube dos "não sou de esquerda nem de direita" ou uma espécie que também habita o cume dos muros mais conhecidos como os isentões pedantes ou idiotas úteis gramsciano e outros que vão sem saber que caminham todos juntos para a mesmo fosso da escravidão e totalitarismo dos regimes comunistas que é o que estes regimes totalitários oferecem a seus seguidores e ninguém escapará dos danos

colaterais de uma governança mundial poderosa e endinheirada tendo como cães de guarda e laranjas os disciplinados comunistas

prontos para assumirem cargos e funções sujas como ventríloquos bonzinhos ou não dependendo da ocasião e dos ventos da política controlados pelas elites bilionárias globalistas usando os comunistas como boi de piranha e que ao descobrirem que o comunismo serve melhor aos seus propósitos psicopatas de bilionários esses engomados encontraram os peões fantoches ideais que irão levar adiante o plano de governança mundial e que como os comunistas psicopatas os globalistas também querem um controle global da economia e dos indivíduos e também escolheram os comunistas para se associarem por causa desta afinidade política e da sua organização disciplina fidelidade canina abrangência e capilaridade mundial e foi então que os globalistas fecharam negócio

com os comunistas porque precisavam desse contingente imenso leal da Nova Ordem Mundial e você pode conferir em cada esquina do mundo tem um tamborete aparelho ou uma célula comunista funcionando e outro fator muito considerado é que os globalistas sabendo que a cultura marxista nasce do inconformismo e do desejo insano de desconstrução de tudo ou qualquer coisa existente da cultura judaico-cristã encaixava-se direitinho nos objetivos para começarem o "great reset" ou a utopia socialista como vão querer os até agora aliados comunistas e ainda tem os islamitas nesta equação que também querem entrar na putaria do seleto clube dos donos do mundo e impor sua cultura e religião também e assim para os globalistas a escolha do parceiro ideal para seguir com o plano foi esta associação momentânea com os comunistas enquanto os islamitas aguardam para saber com quem eles vão combater na sequencia mais o que se sabe é que a briga mais adiante vai ser

e eu espero que este mesmo sentimento acabe por voltar-se contra estes que fomentam a destruição de tudo e sejam eles o próximo alvo das disputas insanas pelo poder global sob a designação da Nova Ordem Mundial e assim com isto comecem a infernizar a humanidade com esta nefasta proposta de uma governança única para o mundo impondo a toda humanidade um governo global que não se sabe como será e que esta barbaridade vem sendo gestada há muito tempo atrás influenciada muito ao certo em obras de ficção como a de H. G. Wells ou acadêmicas como as de Arnold J. Toynbee que forneceram talvez os alicerces ou subsídios para embasar intelectualmente a criação do plano de governança mundial e para ajudar a entender esta história de Nova Ordem Mundial e governo global hoje temos nas mãos algumas obras importantes entre elas a "A Inversão Revolucionária" do filosofo Olavo de Carvalho principal motivador de estar escrevendo esta catarse e principal fornecedor de subsídios para dirimir ou aguçar minhas dúvidas ou confirmar algumas conclusões verdadeiras tiradas sobre os objetivos desta associação entre comunistas e globalistas e é lamentável que esta obra do mestre não seja discutida no mundo intelectual nas academias e mídias e obvio que todos encobertos por razões ideológicas e a finalidade desta aberração começa a tomar forma consolidando-se como um plano em curso quando da constituição do Clube de Bilderberg que reúnem todos os anos desde a década de 50 os maiores bilionários do mundo para estas elites brincarem de Reis Imperadores ou até mesmo de Deuses e ditarem quem vive e quem morre neste mundo e são eles que decidem e ordenam que outros psicopatas genocidas da seita comunista atuem em todas as frentes nesta destruição e que nos dias atuais o fazem com a maior desenvoltura na luz do dia e na maior cara de peroba como nunca em sua existência e sem precisarem de disfarces na frente de todos os estúpidos humanos que continuam voando perdidos quando os globalistas anunciam a criação de outra utopia para mundo apelidada de Nova Ordem Mundial a partir da grande redefinição mundial agendada pelos comunistas da ONU para 2030 mais que pode vir antes deste prazo já que o experimento tirânico de um lockdown total provocado por uma "fraudemia" fabricada em laboratório da China comunista foi bem sucedido e as pesquisas com o Covid-19 como arma biológica foram financiadas com dinheiro de uma ONG americana que era abastecida pelos globalistas desde o governo Obama segundo as provas encontradas com o vazamento das mensagens apreendidas com o Dr. Anthony – o falso que é um ex-Secretário de Saúde da Casa Branca que trabalhava tanto para o governo quanto para uma ONG e tudo em território chinês que por tabela como suspeitam órgãos da própria inteligência americana são fatos graves estarrecedores reconhecido a contra gosto até pelo João Bidê e podemos dizer que a operação pânico contra os estúpidos humanos do segundo grupo foi um sucesso no mundo todo entre 2019 e 2021 e o impensável é que povos estupidamente mais avançados do que os nossos de um terceiro mundo emergente obedeceram cegamente aos seus governos que tiraram a máscara de democratas e decretaram o radical isolamento social sem ao menos questionarem as bases científicas para uma medida tirânica que vem justificando as restrições e quando nada a supressão e a

proibição das liberdades individuais no mundo livre e democrático que conhecemos e impostas como experimento de um plano de controle social total das populações através do pânico fabricado

e bem realizado com o auxílio da grande mídia como este da "fraudemia" do vírus chinês que deixou a humanidade em polvorosa aceitando qualquer coisa para se salvar não se sabe do quê e parecia mais um thriller de Orson Welles o enredo é igualzinho e com as mídias vendidas aumentando insistentemente a pantomima criada e chegando a reproduzir por dias as cenas do comboio de caminhões na Itália carregados de caixões vazios cenográficos e os "jornazistas" sabiam que isto iria causar pânico comoção pavor e que iria impactar negativamente os estúpidos humanos do segundo grupo e depois de tão grotesca armação a mentira teve pedido de desculpas do governo italiano que reconheceu a fraude contando toda a verdade desmentindo mais esta narrativa potencializada pela imprensa esquerdista vendida e antes que algum comunista imbecil venha contestar a fraude criminosa desta pandemia consultem as declarações do Dr. Roger Hodkinson patologista e especialista em virologia e CEO da Western Medical Assessments do Canadá que afirmou em artigo publicado no site do Instituto Rothbard em 14 de dezembro de 2020 que esta é

"A maior fraude já perpetrada contra um público desavisado" e foi em cheio acertando na mosca quando declarou que "a política brincando de medicina... é uma brincadeira muito perigosa"

E disse mais *"... as máscaras são totalmente inúteis. Não há nenhuma base de evidencia para sua eficácia..."* e ele não está sozinho nesta batalha contra a desinformação e consultem também o depoimento do Dr. Michael Yeadon no mesmo site do Instituto Rothbard e que é PhD e ex vice-presidente da Pfizer explicando *"como os testes de PCR fraudulentos estão sendo usados para fabricar a aparência de uma pandemia que realmente não existe"* e ainda mais que *"não há excesso de mortes devido ao Covid-19... e muitas mortes são agora falsamente atribuídas ao Covid-19"* e mais *"desafia qualquer um que não acredite a pesquisar em qualquer banco de dados sobre mortalidade total e verá que a contagem diária é absolutamente normal"* afirmando ainda que *"as leis da imunologia estão sendo completamente ignoradas aparentemente para se adequar a alguma agenda oculta"* e eu ofereço uma mariola e um abafa banca para quem acertar de quem é esta agenda oculta e é obvio que muito provavelmente seja a mesma agenda globalista que pode ser a fonte que jorrou uns trocados para financiar a trama macabra tudo claro em nome da ciência e para o bem da humanidade e melhorar o mundo vindo de lá as verdinhas para fabricação e disseminação do vírus chinês e também financiou a propagação do pânico em escala mundial além de oferecer a cura através dos laboratórios que controla e os estúpidos humanos brasileiros do segundo grupo nem usaram o cérebro ou fizeram as contas para comparar com o embuste do número de mortos durante a "fraudemia" do vírus chinês de 2020 serem quase idênticos ao do número de mortes do ano de 2019 sem a "fraudemia" e são dados do Portal da Transparência/cartórios recolhidos pelo escritor e jornalista independente Guilherme Fiúza que comprovou este acréscimo nada pandêmico do numero de óbitos e outra referência nesta linha para quem quiser consultar é o livro "Covid-19: A Fraudemia" do Dr. Alessandro Loyola infectologista brasileiro ou pesquem na fonte primária e oficial consultando pessoalmente o Portal da Transparência/cartórios do governo brasileiro e confirme ou não o que o Dr. Michael Yeadon disse e como provou a farsa Guilherme Fiúza no seu canal no YouTube e estes dados oficiais escancaram a baixíssima letalidade do vírus que justiçasse o fecha tudo e todos em casa trancados e os negócios afundando e este mesmo primeiro grupo de estúpidos humanos usaram a "fraudemia" da peste chinesa para parar o mundo alegando que são medidas para

salvar vidas e ao mesmo tempo incentivam e promovem o maior massacre de crianças no ventre materno com 50 vezes mais do que o número de mortes pela peste chinesa e no mundo todo foram praticados no ano de 2020 cerca de 5 milhões de abortos

e isto no ano da "fraudemia" da peste chinesa e não há como explicar tanta estupidez ou exigir coerência de comunistas psicopatas genocidas para os dois pesos e duas medidas porque eles só querem mesmo é controlar a natalidade e pelo prazer de ver o sofrimento alheio e não escondem do mundo sua psicopatia genocida e navegando na internet encontro uma declaração atribuída a presidente do Banco Central Europeu Cristine Legarde dizendo que *"Os idosos vivem muito tempo e isso é um risco para a economia global. Temos que fazer algo, e agora!"* então fui em um site de checagem de fatos chamado Fact Check para pesquisar o site que afirmou que a presidente não declarou a frase porém no mesmo site de checagem encontro a justificativa para negar a autoria da frase polêmica que foi a de que *"Tudo terá começado em 2012, em Nova Iorque, quando foi apresentado [por Cristine] um relatório do Fundo Monetário Internacional e feitas algumas considerações sobre as hipotéticas soluções para a economia, face ao progressivo aumento da esperança média de vida."* e o leitor pode analisar as duas versões e tirar suas próprias conclusões e eu concluo que hipotéticas soluções vindo de sociais democratas globalistas e comunistas incluem um genocídio em sua pauta disfarçado de uma inocente e hipotética solução para não parafrasear Hitler com a sua "solução final" e estas hipóteses começaram a efetivar-se em 2021 saindo do campo das hipóteses e coincidência ou não caindo no campo da realidade e é o que demonstra que algo não foi espontâneo que tem dono espalhando um vírus fabricado em laboratório que atinge com mais gravidade justamente os idosos e isto faz sentido com a preocupação econômica apontada no relatório entregue ao FMI que é a de sustentar os humanos longevos e na lógica psicopata dessa gente fica implícito o alivio das contas previdenciárias de uma Europa falida e ao mesmo tempo acabando com o que resta de conservadores no mundo em sua maioria idosos e segundo o filósofo Olavo de Carvalho que estudou o comunismo por mais de 30 anos pôde afirmar em artigo publicado na Revista Isto É de 23 de junho de 2001 que

"(...) *o comunismo prega o genocídio, justifica o genocídio, orgulha-se do genocídio e, onde quer que tenha reinado, sempre viveu do genocídio. Discuti-lo respeitosamente é admitir que exista o direito moral à propaganda do genocídio.*" era este plano macabro genocida

que teve o poder de deixar apavorados os estúpidos humanos do segundo grupo que acompanham os noticiários da extrema imprensa

vendida e/ou comprada todos eles estupefatos apavorados atolados em uma poltrona apáticos sem vontade de reagir e de pensar nem pensar pois não se enganem os incivilizados do primeiro grupo pensarão por vocês e desafiam a humanidade com muito dinheiro para comprar qualquer bom samaritano que apareça e que esta agenda da ONU pode até bater de frente com algumas constituições de vários países mundo a fora mais o lobby é tamanho que os países mudam suas constituições para atender a esta força financeira e política associadas para enfrentar os estúpidos humanos do segundo grupo e que parecem não se importarem porque o que está prevalecendo são as pressões internacionais como a do Fórum Econômico Mundial que também querem esta agenda da ONU que trará mais controle sobre os estúpidos humanos do segundo grupo e completando a carnificina geral não nos esqueçamos da cultura islâmica que há mais de mil e quinhentos anos espalha a tese de um mundo sob seu domínio subjugando com rigor extremado outras culturas e religiões exigindo a conversão dos infiéis e com a invasão silenciosa e bem sucedida na União Europeia os

isto para qualquer bípede terrestre fica óbvio mais ocorre que hoje em dia você falar o óbvio pode acabar com a sua carreira ou mesmo a vida e esta conta é simples a taxa de natalidade da Alemanha por exemplo vem caindo para 1,3 filhos por casal e os muçulmanos casam com várias mulheres e têm mais de 8 filhos logo em pouco tempo os muçulmanos serão maioria na Alemanha e segundo a própria ONU que forneceu os dados da Europa esta taxa alemã de natalidade é irreversível para a recomposição da população nativa enterrando de vez a democracia e a cultura judaico-cristã na Alemanha e no efeito dominó o resto da União Europeia e todos estes agentes evidentemente irmanados na doença psicopata genocida de dominar os estúpidos humanos do segundo grupo e na sequencia acabam por deixar no caminho as pistas da violência que será esta governança mundial porque não teremos a liberdade que as democracias nos proporcionam e elas sempre foram o alvo permanente dos globalistas e comunistas tentando exterminar na luz do dia as democracias e isto parece ser mais uma estória em quadrinhos ficcional ou filme do 007 mais não é mesmo e o que teremos pela frente é um tirano satânico Dr. NOM governando o mundo e vamos ligar os pontos dos fatos aparentemente soltos sobre tudo isto que está acontecendo agora abertamente no planeta e constatar que não é ficção de gibi tudo as claras sem qualquer cerimônia ou vergonha quando expostos e segundo o jornalista Carlos Astiz em seu livro *Bill Gates Reset! Vacinas, aborto e controle social* afirma que para Gates *"reduzir o crescimento populacional sempre foi parte integrante de sua missão declarada de 'melhorar a saúde das pessoas e dar-lhes a oportunidade de sair da fome e da pobreza extrema' porque eles consideram, como para os eugenistas do passado, que os recursos permanecem mais ou menos fixos e que na equação "saúde = recursos / população' a resposta é controlar e reduzir o último fator"*

e ainda segundo Carlos Astiz em 2010 Gates em palestra no TED afirmou *"Primeiro, temos a população. O mundo atualmente tem 6,8 bilhões de pessoas. E está a caminho de chegar a 9 bilhões. Agora, se fizermos um ótimo trabalho com novas vacinas, saúde e serviços de saúde reprodutiva, poderíamos diminuir esse número, talvez 10 ou 15% (...)"* e não tenho duvida de cravar que este é um pensamento eugenista e neste caso o indigitado só não deu detalhes de quem seriam os sacrificados para o "bem da humanidade" se seriam os pobres da África ou se seriam os miseráveis dos países do terceiro mundo ou se seriam os asiáticos enfim o psicopata genocida bem que poderia se voluntariar e a sua família para realizarem sua própria forma de genocídio mundial só para darem o exemplo ou poderiam começar eliminando as elites bilionárias globalistas e suas famílias que não fazem nada e só sugam a humanidade e em seguida os políticos e governantes corruptos os juízes ativistas que simplesmente abandonam as Leis e Constituições os oficiais militares de alta patente traidores de seus países e óbvio os comunistas todos eles psicopatas genocidas e corruptos e este seria então o melhor dos mundos para jogar toda essa gente inescrupulosa no ostracismo mais não será assim a história já comprovou que quem vai pagar está fatura diabólica são os estúpidos humanos do segundo grupo mas por hora temos uma associação mórbida e união nefasta de genocidas psicopatas entre as elites bilionárias e genocidas psicopatas intelectuais marxistas no delírio de uma tirania global única e inédita para a humanidade querendo o mundo sob seu domínio abolindo por Lei todas as liberdades individuais e proibindo a divergência de opiniões pasteurizando culturas e o pensamento instalando uma espécie de verdade única através da institucionalização mundial da censura imposta a todos os estúpidos humanos dos dois grupos e finalmente criando o tão sonhado "Ministério da Verdade" que passaria da ficção para a realidade aliás este ministério já existe e está em pleno funcionamento com quatro empresas de tecnologia chamadas de "big techs" controladas por comunistas mirins e financiada pelos globalistas e que em descarado conluio com a Nova Ordem Mundial estão impondo a censura mundial aos conservadores em nome de um pseudo combate ao "discurso de ódio" e a "notícias falsas" em um truque malandro para justificar a censura e coube então o trabalho sujo de calar as vozes conservadoras para as mídias e as quatro maiores empresas de tecnologia que monopolizam o mercado e ditam as regras e comportamentos desprezando a universal liberdade de expressão com seus "Termos de Uso" e do jeito que estão as redes sociais nas democracias elas igualam-se a de países comunistas que controlam até quantos flatos soltaram na atmosfera do lar e as redes sociais outrora ilhas de liberdade na internet agora dizem para o que vieram ou seja manipular controlar e armazenar o que o cidadão pensa e faz e o que diz nas redes e o pior são bilhões de perfis de estúpidos humanos capturados que possibilitam as redes acumularem uma quantidade monstruosa de informações relevantes e dados pessoais dos usuários sem nenhum controle externo e que as informações podem ser usados para o nosso bem ou nosso mal como a censura velada para irem impondo o que deve e o que

não deve ser dito na comunicação entre as pessoas sob pena de

estúpidos humanos do segundo grupo que não querem ficar por fora da nova onda confirmando a Teoria do Conformismo Social e o pior foi o cerco à liberdade de expressão dizimando toda e qualquer divergência de opiniões esmagando uma a uma mentes corações e sensibilidades e assim os bilhões de estúpidos humanos do segundo grupo continuarão daqui para a frente piores do que são com o uso diário e demasiado de redes sociais podendo substituí-las completamente por outras fontes de informação como o livro por exemplo e assim sem uma reação pessoal vão-se fabricando muito mais estúpidos humanos do segundo grupo como nunca na humanidade e estes bilhões de estúpidos obviamente não percebem que estão sendo manipulados justamente porque são estúpidos porque sofrem de idiotia uma doença que é o último grau antes da demência e o que vem a seguir é a nefasta eliminação das liberdades individuais que levaram séculos para serem conquistadas após travarem-se muitas guerras e tudo parece que foi em vão ou a humanidade exaurida de tantas batalhas inúteis cansou-se de a todo momento ter que lutar por liberdade em algum lugar do mundo e extenuada dos reveses largou de mão a defesa da liberdade deixando que tiranos psicopatas vencessem a humanidade pelo cansaço ao ponto de cedermos a tudo e não queremos mais viver na eterna vigilância e nós desistimos de querer viver nossas vidas e criar nossos filhos e netos em paz e por mais

incrível que possa parecer o maior paradoxo da humanidade é que

que tem a liberdade como fator essencial de existência e agora vejam os Estados Unidos da América ainda ou talvez a última grande democracia do planeta antes do golpe sofrido e orquestrado pela Nova Ordem Mundial nas eleições presidenciais de 2020 gozando até então de plena liberdade está sendo esfacelada por dentro pela geração WOKE uma espécie perfumada de comunista bem depilado super descolado que sabe tudo antes de saber e evidentemente oriundo das classes abastadas e de globalistas todos de tendência fascista e a maioria nascidas no próprio país todos à frente da destruição da maior democracia do mundo ocidental fazendo o papel de idiotas úteis e por que justamente nas democracias ocorrem estes atentados porque nelas respira-se total liberdade tanto para viver quanto para agir até contra ela e é de dentro das democracias que virá sua destruição e tudo porque não querem conspurcar seu principal lema que é a liberdade e estas democracias não criaram mecanismos que a defendessem internamente dos intolerantes comunistas que querem subvertê-la por dentro e agora vejam a China com zero de liberdade zero de democracia e controle total da vida do cidadão não corre risco algum de esgarçar-se ou de autodestruir-se e qualquer protesto ou revolta ou uma simples reclamação ou reação ao sistema o sujeito vai preso confinado numa clínica de "reprogramação social" um insólito eufemismo para campo de concentração moderno aonde estudantes pró-democracia de Hong Kong foram levados para desespero de suas famílias mostrados em vídeos na internet e não se sabe o destino dado a estes jovens democratas e reportam também notícias de sites mundo afora sobre a repressão e execuções nestes campos chineses de onde ninguém sai vivo só saem os órgãos que são retirados e vendidos em negócio extremamente lucrativo e nefasto sob todos os aspectos que é o mercado clandestino de órgãos humanos e este é o modelo de sociedade que os estúpidos humanos da Harvard da Yale da Oxford de Paris da USP e de outras universidades pelo mundo estão fascinados e lutam para a implantação de regimes totalitários demonstrando cabalmente o quanto são estúpidos por trocarem a liberdade das democracias pelo autoritarismo e repressão dos regimes comunistas e não se pode dizer outra coisas a não ser que este contingente tem o raciocínio invertido e completamente domesticados pelos comunistas para juntos "tornarem este mundo melhor" e isto não é uma piada e milhares desses estúpidos humanos tanto do primeiro grupo quanto do segundo acreditam mesmo que o comunismo será um bem para a humanidade aonde respirarão uma liberdade consentida e nos limites impostos pelos tiranos e sem nem ao menos perguntarem se os humanos querem ou não o comunismo e eles não fazem essa pergunta porque sabem que serão rechaçados mais eles usam outros métodos como o adestramento de jovens ou o aliciamento financeiro para os corruptos ou pelo simples convencimento dos idiotas úteis através de uma imprensa à serviço e também golpes eleitorais para chegarem ao poder e ao cofre e sempre com a colaboração e ou votos dos estúpidos humanos do segundo grupo e é preciso advertir e vou logo avisando que este texto não é uma dissertação acadêmica nem um ensaio e também não é uma tese de mestrado ou doutorado também não é um texto ficcional catastrófico e nem uma teoria da conspiração como também não é um manual de sobrevivência para o quê está por vir e não venho propor soluções para a cura da estupidez humana que ao meu ver não seria tão impossível mas que eu ao mesmo tempo não vejo muito progresso nesta demorada cura e alguém poderá questionar que eu só critico a estupidez dos outros mas e a sua respondo-te que também fui ou sou por um momento na vida mais um estúpido humano porém lutando com todas as forças para escapar desta condição gastando apenas a minha inteligência e usando minha capenga liberdade para contestar tudo aquilo que não se encaixa na lógica e na verdade dos fatos e é como se eu nunca tivesse saído da fase infantil do "por que" isto ou aquilo sempre questionando a sociedade e qualquer governo e a política para entender o que a realidade nos apresenta e também em ações que elevem minha espiritualidade e tudo para fugir do lugar comum que é para onde os estúpidos humanos dos dois grupos nos levam e não há como negar a existência por séculos de grupos de humanos estúpidos porque se fôssemos uma

maioria de pessoas inteligentes que questionassem tudo certamente o mundo seria outro e muito melhor e nunca chegaríamos a este padrão de estupidez que é a marca do novo (a)normal

e não seríamos objeto de estudo do pesquisador Salomon Asch e é obvio que o mundo sem as ações dos estúpidos humanos do primeiro grupo também seria bem melhor e não é nenhuma surpresa que a maioria das democracias do mundo ocidental moderno estão sendo destruídas por dentro e pela sua própria gente e por iniciativa do primeiro grupo de estúpidos humanos principalmente as elites bilionárias globalistas que as dominam e descobriram que os regimes democráticos alcançaram patamares muito alto de participação popular que deu um certo poder aos estúpidos humanos do segundo grupo e o primeiro grupo cheio de globalistas e comunistas percebendo que este conceito do "poder que emana do povo" chegou longe demais e começava a fazer água nos planos e a fugir do controle foi então a senha para que os globalistas passassem a apoiar outras formas de regimes políticos mais totalitários que assegurassem seu poder e controle e assim na modernidade optaram pelos regimes comuno/socialistas surgidos primeiro na Rússia e mais recentemente os globalistas estão optando pelo modelito comunista chinês aonde ambos deixaram os capitalistas atuarem livremente com uma única exigência que é a de obedecer cegamente as regras sem regras do partido comunista é sempre bom lembrar que nos regimes comunistas o capitalismo esteve lá presente explícito ou implicitamente mas está lá dando sustentação econômica ao regime que propaga um discurso para fora do contrário do que fazem demonizando o capitalismo somente para um público externo para engabelar os estúpidos humanos do segundo grupo ou estudantes da USP que acreditam na seita e o socialismo é o regime da mentira e o conceito de democracia o poder que emana do povo nunca foi realmente um poder exercido pela patuleia desde os tempos de sua criação até hoje e na Grécia antiga aonde foi criada somente a elite e certas classes sociais formada por militares de alta patente altos funcionários da administração e comerciantes abastados que participavam da democracia e o cidadão comum não tinham acesso e portanto não participavam do processo decisório que só foi ampliado milhares de anos depois após a humanidade passar por regimes imperialistas reinados absolutistas até o surgimento do parlamentarismo inglês que ampliou a partição do poder apenas entre os nobres mais ficou este conceito que veio com a imigração inglesa e irlandesa para o novo mundo originando a moderna democracia americana hoje ameaçada por dentro e por fora e em busca de respostas verdadeiras sobre o que ocorre na realidade imediata encontro este panorama que infelizmente assombra as liberdades individuais a cada dia e o que eu sei é que apenas leio um pouco mais acima da média dos brasileiros e talvez da média mundial e entendo o que leio e vejo na realidade usando apenas meu raciocino lógico e um acumulo de conhecimentos básicos e críticos ao ponto de distinguir o que é a realidade imediata que nos aparece nua e crua de uma realidade manipulada ou entender e distinguir um texto com meias verdades filosóficas dos escritos vigaristas panfletários de alguns pilantras acadêmicos doutrinadores e com apenas esta capacidade de entender o que vejo e leio simplesmente observando a realidade a minha volta posso decifrá-la refletindo e analisando os fatos para assim poder enfrentar qualquer intelectual farsante ou senhores elegantes da verdade absoluta e das autoridades auto proclamadas do "eu sei tudo e você não sabe nada cala a boca" e desmascarar essa gente é a coisa mais importante a se fazer no momento em mais uma lição do mestre e filósofo Olavo de Carvalho que também ensina que o confronto com esta gente engomada e encastelada nas academias é uma arma fundamental para desarrumar o pouco de raciocínio dessas pessoas que se acham mais superiores intelectualmente e extrair destes farsantes algo que os revelem e que acabem servindo justamente para apontar-lhes o contraditório desdizendo-os exatamente no contrário do que querem dizer assim como entendi os escritos de um famoso gigolô de burguesas que na sua famosa "Bíblia comunista" pregava que o proletariado tomaria o poder através da revolução socialista mais ao mesmo tempo e no mesmo livro afirmava a incapacidade do proletariado de levar adiante esta tarefa de governar e a revolução precisava de uma intelectualidade que organizasse e conduzisse a revolução e então ficamos assim

os regimes comunistas são financiados pelo capitalismo e conduzidos por uma casta reduzida de intelectuais usando os estúpidos humanos do segundo grupo como estuque ou massa de manobra como no início do século usaram as massas de operários e agora na modernidade seguindo os ensinamentos da Escola de Frankfurt usam as minorias étnicas sexuais histéricas e barulhentas como massa de manobra e este mesmo idolatrado pilantra no afã de estudar e esmiuçar as mazelas do capitalismo acabou revelando cientificamente um achado para os mesmos e o que nenhum outro capitalista havia pensado nisso desde o início da revolução industrial e que estavam usando este fator sem saberem e despertando neles o conceito da mais valia e como não pensei nisso antes obrigado senhor Marx agradecem os capitalistas do mundo todo e até o capitalismo de estado comunista chinês especializado na exploração da mão de obra de humanos estúpidos e é este capitalismo de estado comunista que é o patrão que é o sindicato e que é ele que define quanto cada estúpido chinês tem que ganhar e fazer e é o estado que gasta bilhões para vigiar a exígua liberdade e controlar cada passo do cidadão e que realizam pesquisas com "nano-chips" implantados nos corpos dos estúpidos chineses e este experimento diabólico e real está casadinho não por coincidência com a agenda 2030 comunista da ONU e teve confirmação nas declarações do cara de nazista presidente do Fórum Econômico Mundial e principal cabeça da grande redefinição Klauss Schwab afirmando em entrevista para a Radio Télévision Suisse sem constrangimento algum que em 10 anos todos terão chips implantados nos corpos e todos aqui me referindo aos estúpidos humanos do segundo grupo pois eu duvido que as famílias dos metacapitalistas venham a ganhar o seu e antes que alguém venha com a conversa de teoria da conspiração afirmo que os fatos estão expostos aí para qualquer oligofrênico comprovar e como já disse que eu não brigo com os fatos simplesmente eu os analiso e emito opiniões embasadas nos fatos e se juntarmos as pontas aparentemente soltas da fala de Klauss Schwab com a "fraudemia" encontramos o como eles supostamente poderiam realizar tal barbaridade porque voluntariamente seria muito difícil convencer os estúpidos humanos a usarem um chip introduzido no corpo então cria-se um ardil como esta última "fraudemia" do vírus chinês com vacinação em massa nos estúpidos humanos encaixando-se muito bem para os planos do presidente do Fórum Econômico Mundial representando aqui as elites bilionárias da Nova Ordem Mundial como a solução encontrada para inocular os chips e tome-lhe vírus fujões fabricados em laboratórios comunistas e vacinas com nano-chips até 2030 com todos os estúpidos humanos devidamente "chipados" como gado seguindo imposição da agenda 2030 comunista da ONU aos países membros e que isto é um fato e com as ameaças de bloqueio econômico numa chantagem explicita e pouco contestada e obedecida cegamente pelos governos dos países membros é também um fato e a imposição da gosmenta ideologia de gênero aos países membros também é um fato e que querem o controle social da humanidade é fato insofismável e até 2030 será uma realidade incomoda constrangedora e conflitante para quem ama a liberdade e seu corpo sabendo que fatalmente será violentado e o que esses fascistas modernos querem é disseminar esta vigilância e outras experiências pelo resto do mundo com o auxílio luxuoso das elites bilionárias globalistas que cansadas de ganhar dinheiro e poder querem agora brincar de tiranos no mundo civilizado e não disfarçando mais a sua psicopatia através de um plano diabólico de controle da vida humana na Terra e para isto estão usando até falsas epidemias para quem sabe inocular substancias experimentais e nano chips criando artifícios tecnológicos de reengenharia social para controle total dos estúpidos humanos do segundo grupo via um criminoso recomeço global e até mesmo usando uma vacinação em massa nos estúpidos humanos que obviamente aceitarem este controle e ainda gastam somas bilionárias como os chineses despejando bilhões de dólares para controlar os controladores dos organismos de controle para que o povo continue prisioneiro desinformado e facilmente manipulável e este é o regime socialista que encanta setores dos estúpidos humanos do primeiro e segundo grupos mundo a fora e que como os globalistas e comunistas só enxergam o lado econômico fabricando vendendo e comprando qualquer bugigangas "xing-ling" pouco importando saber se a China é uma ditadura sangrenta oprimindo seu povo e perseguindo religiosos e é gente de todas as partes do planeta de todas as idades e classes sociais incluindo jornalistas e artistas sem noção que dão vivas aos comunistas chineses e suas bugigangas eletrônicas de espionagens e captura de dados dos estúpidos humanos usuários e que estão de olhinhos bem grandes em nosso país gigantesco cheio de terras agricultáveis e imensas riquezas minerais com uma classe política e dirigente corrupta desgraçadamente corrupta que abaixam as cuecas ou calcinhas por qualquer dinheiro como fizeram com o Congresso brasileiro aonde tem até uma bancada chinesa jogando a soberania brasileira na latrina e que inclui também um povo mediano que elege estas ratazanas lesa pátria e para completar a lambança tem uma frouxas armadas composta por comandantes impatrióticos covardes divididos entre obedecer ao positivismo do exercito republicano que golpeou a monarquia ou ao comunismo e adeus Brasil e o que parece inevitável é que seremos (re)colonizados pela China e pela cultura marxista já suficientemente impregnada nos estúpidos humanos brasileiros via universidades na produção artística e meios de comunicação totalmente aparelhados por comunistas há mais de 30 anos e vendidos para as elites bilionárias globalistas e todos na mesma batida de que o marxismo nada mais é do que uma tentativa de apreensão do processo histórico para dirigi-lo e dominá-lo coisa que todos querem o liberalismo também quer os muçulmanos também aguardam na fila e os globalistas também tentam comprando milhares de estúpidos humanos abjetos e a maçonaria também quer mas todos eles não conseguirão dominar o curso da história porque a história é um conjunto de resultados não programados sem controle dos resultados das tentativas de dominá-la e como não conseguirão dominá-la restou ao globalismo usar ideologias totalitárias e repressivas que mantém um controle social asfixiante e uma não menos perversa manipulação da comunicação escondendo a verdade dos estúpidos humanos do segundo grupo tentando modificar a realidade e reescrever a história como forma de dominação controlando as narrativas da comunicação não somente às de hoje como também às do passado e não se enganem existe também uma massa descomunal de conservadores estúpidos que não estudam não pensam e que estão neste momento feitos baratas tontas comprando narrativas da grande mídia oficial que sem saberem estão fazendo o jogo dos manipuladores da cultura marxista e progressista e que são chamados carinhosamente pelos comunistas de "idiotas úteis" e qual é o bem mais precioso que essa gente estúpida pensa ter é um diploma universitário é um bom emprego é uma boa casa carro do ano saibam vocês são os estúpidos humanos ideais para a seita comunista porque estes estúpidos humanos trocam tudo isto pelo bem mais precioso da humanidade que é a sua liberdade a mais plena liberdade para ir e vir empreender e de pensar o que quiser e que a partir dela os outros direitos civis se amoldam e são construídos e conquistados sendo a liberdade a pedra fundamental das nações livres mas os estúpidos humanos dos dois grupos flertam neste momento com o totalitário regime socialista completamente oposto aos conceitos de liberdade das democracias isso sem falar na economia e notei que nos últimos anos os comunistas passaram a adotar uma postura macaqueada de democratas como se esconder o rabo vermelho atrás do armário fosse uma tarefa fácil para os adestrados na seita e nem precisava bastava verificar as Leis que os canhotas aprovam em congressos democráticos e francamente uma outra loucura vinda de artistas jornalistas e acadêmicos que estão descaradamente concordando com a censura e a repressão de conteúdos que circulam pelo mundo e como tiranos só querem que circulem as informações dos donos do mundo e eu nunca imaginei que a

arte e o jornalismo dos tempos atuais estivessem a serviço de fascistas psicopatas e mais do que incoerência é a estampa da estupidez humana

e o que vocês continuarão lendo a seguir é um calhamaço de um registro da minha visão sobre acontecimentos recente sem uma cronologia exata e para ser descoberto em algum entulho do futuro se não for proibido e incinerado na fogueira do Fahrenheit 451 dos tempos atuais ou será proibido de circular pelo recém criado "Ministério da Verdade" administrado pelos comunistas é claro e até das redes sociais e aplicativos de leitura será cancelado e banido principalmente daquelas redes sociais do politicamente correto que sobrepujam às constituições das nações livres com sua "política de uso" substituindo-as pelo radicalismo autoritário de seus critérios ocos e nebulosos associados aos seus "Termos de Serviço" e todas elas de propriedade de jovens comunistas saídos de universidades e sustentados pelas elites bilionárias da Nova Ordem Mundial e as redes vão impondo regras de convivência e comportamento visando uma unificação da linguagem no mundo aviltando na cara de pau as diferenças culturais existentes e cada uma com suas características tradições costumes na transmissão de comportamentos inerentes àquelas culturas e essa violência mental é para ser comparada com o horror dos resultados que virão a seguir caso o nefasto plano de governança mundial seja realmente implantado e sempre com o sim sinhô da ONU e que em breve tempo se torne a sede de um governo mundial sob o eufemismo de globalismo e a coisa não para mais e já está em andamento no mundo todo com a agenda 2030 da ONU sendo adotada pela maioria dos países do ocidente e que nada mais é do que uma forma de universalização de leis para todo o mundo e que vão aos poucos dissolvendo o conceito de nações e fronteiras sempre através de uma imposição hegemônica e calçada no poder real que têm acreditam na submissão da humanidade porque

haverá algumas reações insuficientes para conter e enfrentar esta aliança poderosa entre o capital dos globalistas e o fanatismo canino dos comunistas

mas não o suficiente para alardear um corram para as colinas ou enfrentem e resistam porque o tranco vai ser forte e as nações que se cuidem para não desaparecerem e outra prova de que um plano de governança mundial está em curso leio em 2020 as conclusões oficiais dos participantes do Fórum Econômico Mundial daquele ano que deixavam claro para as nações emergentes e em desenvolvimento que aderissem logo a Agenda 2030 globalista da ONU ou teriam problemas como sanções econômicas e dificuldades de empréstimos numa chantagem explícita de quem tem pressa e culpa no cartório querendo atropelar a humanidade e assim seguem em todas as frentes e flancos os ataques dos globalistas em aliança com os comunistas contra as democracias e este não será um governo mundial constituído do ponto de vista formal como conhecemos hoje com um presidente eleito pelo povo ou um congresso e um tribunal todos centralizados e nem formarão um exército ou força militar para defender fronteiras pois segundo o plano serão abolidas as fronteiras e eles vão governar o mundo como sempre governaram através do chicote e do manda quem tem o dinheiro e é o poder dos capitais acumulados por suas elites bilionárias e a cooptação de governos e políticos aprovando leis internacionais que este fato irá possibilitar a realização do plano sórdido e valerão para todo o mundo imposta por entidades reconhecidas pelos estados como a ONU e estas previsões que ninguém mais esconde e poderão ser contestadas tranquilamente no futuro com este escrito que não tem linguagem rebuscada ou acadêmica nem se utiliza do politicamente correto que é uma espécie de autocensura preventiva criada para reprimir e uniformizar a linguagem e a idiotia geral do pensamento unitário dos marxistas e com mais esta pérola mais invencionices de psicopatas comunistas e suas manias de catalogar e empacotar tudo em departamentos e memorandos se julgam a vanguarda política mais no fundo são escravos de um passado cheio de horror de sangue stalinista e maoistas porém são criativos para inventarem nomenclaturas toda própria para dissimular um sistema opressivo castrador da liberdade de expressão como esta invenção do politicamente correto pensada muito mais para calar a sua boca do que para orientar um estilo elegante bonzinho sem "discurso de ódio" e também para que ninguém possa falar o que quer e pensa porque vai ofender algum afetado destes tempos modernos ou atingir a susceptibilidade de alguém porque não adianta tudo que você pensa fala e escreve fatalmente vai atingir alguém em algum aspecto seja intelectual seja existencial e pode mesmo causar algum dano ou ofender e este alguém tem toda a liberdade e meios legais de se defender e não precisa ser um gênio para imaginar que esta porcaria do politicamente correto foi propositalmente pensada para servir de mordaça disfarçada de descarada censura e o objetivo é intimidar os estúpidos humanos do segundo grupo através de um censor fantasma dentro de cada um para ficar inibido a cada manifestação para não dizer o que pensa ou esconder o que você pensa liquidificando monotonamente a linguagem e aniquilando qualquer outro pensamento divergente e o debate público vai definhando perdendo profundidade sua força e originalidade até perder a espontaneidade por causa do "isso pode aquilo não pode" e escrevo sem notas de rodapé com poucas referências bibliográficas usando vez em quando apenas algumas citações de importantes figuras da filosofia e as vezes suas produções mas sempre argumentando com algum conhecimento na causa e as vezes intuitivamente e afirmando que a linguagem é direta crua buscando a verdade contida na realidade e vai provocar reações de nojo de risos e revolta nos comunistas e globalistas psicopatas genocidas em geral e para alguns até reações de desdém nestes nossos tempos de frouxidão intelectual e do politicamente correto e dos isentos e que certamente a extrema imprensa coalhada de comunas irá desqualificar os sinais evidentes de um plano de governança mundial cujo autores já não escondem mais e nossa extrema imprensa infestada de comunistas conseguem só balbuciar "derruba que é mais uma teoria da conspiração" e no fundo eu gostaria até que fosse assim uma alucinação de quem tomou um ácido lendo gibi de ficção mas não é não e espero que o texto não esteja maçante ele não é longo e estamos chegando quase na metade da narrativa e um leitor mais chegado na leitura possa consumi-lo em poucas horas e aos de menos em um dia e aqueles que são mais resistentes a leitura gastarão alguns dias e desistirão na metade sem entender o que leram simplesmente porque não estão entendendo nada do que está acontecendo a sua volta e o

que vem por aí promete mudanças radicais comprometendo a existência dos melhores valores culturais enraizados até então e a comportamentos morais seculares consolidados na vida das pessoas e em Leis

e que vem sofrendo constantes ameaças descaradamente explícitas para seu fim e até planos criminosos de reescreverem a história milenar dos povos adaptada a uma visão ideológica única e notem que eu não sou o louco nesta narrativa muito bem engendrada nos meios intelectuais para desconstruir tudo que foi construído pela civilização judaico-cristã e quem vislumbrou esta barbaridade foi o gigolô barbudo que posteriormente e sem muita criatividade seus seguidores deram sequencia a pantomima até que globalistas espertos incorporaram a mesma loucura do plano de governança mundial e turbinaram com bilhões de dólares as melhores universidades do mundo para adestrar uma geração atrás da outra e que hoje se posicionam em postos chaves e de mando dentro das instituições públicas e também nas privadas e que são favoráveis a esta barbaridade que será cometida pelos estúpidos humanos do primeiro grupo sob a conivência ou omissão dos estúpidos humanos do segundo grupo e de toda humanidade mais agora reparem que todo pequeno médio ou grande empresário mais a classe média e alta mais os bilionário ou os aspirantes a são agora comunistas ou simpatizantes alegres e da parte dos bilionários eu entendo o porque pelas razões já exposta aqui da adesão ao comunismo mais do resto acima são apenas idiotas uteis atrás de uma oportunidade monetária qualquer ou são influenciados pela propaganda e modismo certo que o comunismo está em alta nas rodas chiques nas bolsas dos endinheirados onde encontraram patrocínio das elites bilionárias da Nova Ordem Mundial para continuarem com a implantação da sem noção utopia socialista que serve muito bem aos interesses dos bilionários da Nova Ordem Mundial e todos eles querendo um Gulag para chamar de seu e observem que governos políticos e instituições no mundo foram aparelhadas pelos comunistas com o aporte financeiro sem limite dos globalistas com beneplácito da igreja católica e governos democráticos e para completar a operação o capital dos donos do mundo vem fazendo com que todas as atividades econômicas e humanas hoje afunilem-se para este objetivo obsessivo de uma governança mundial de víeis comunista e essas verdades acachapantes irrefutáveis de difícil contestação por óbvio que seja está na nossa cara no dia-a-dia nas propagandas inclusivas nos jornais nas TVs sublimando mensagens aos poucos e mais grave utilizando-se de poderes legais para interferir nas políticas públicas e nas Leis e faço isso apenas com a mera observação dos fatos que se sucedem rapidamente a nossa volta e que sei que o texto vai incomodar e revoltar milhões de estúpidos humanos principalmente os esquerdista do primeiro e do segundo grupos e os do primeiro grupo desdenharão e como sempre desqualificarão a realidade que salta aos borbotões na nossa cara e o que escrevo virá de um indivíduo que não se importa nem pouquinho com os rótulos que venham a colocar-lhe na ganga ou acusarem difamarem denegrirem ou enaltecerem e o certo é que é muito mais do que apenas um arroubo de um louco é o destino da humanidade em jogo basta prestar atenção e fazer uma leitura honesta fiel da realidade repugnante imposta cada vez mais dia-a-dia pela cultura marxista com objetivo de

acelerar a decadência da cultura ocidental e seus valores morais

para a concretização da tão sonhada e improvável utopia socialista e que tem também outro objetivo mais perigoso e nefasto que é o de cercear cada vez mais as liberdades individuais em detrimento de um tal coletivo através da censura e da supressão de direitos centenários e essa realidade bate na nossa porta e poucos percebem a gravidade da situação e não ligam uma coisa que é o objetivo de controlar os humanos com a outra que é a parte de um plano maior para implantação de uma governança mundial através de ensaios e experimentos de uma reengenharia social que estão em uma fase de total aceleração aproveitando o pavor das pandêmicas guerras biológicas que finalmente entram na cena belicosa mundial com o vazamento de documentos do Departamento de Estado dos EUA pela Sky News da Austrália dando conta de que cientistas militares da China discutiram 5 anos antes da "fraudemia" o uso do Coronavírus SARS como arma militar em uma provável guerra biológica e tudo porque é mais barato do que soltar bombas atômicas ao invés de ocupar os escombros das cidades os chineses as terão intactas com todas as estruturas em pé e uma população dizimada e assim pode ser feito o experimento como os comunos-globalistas fizeram nesta "fraudemia" e vocês não verão esta notícia nas mídias tradicionais todas elas nos bolsos dos donos do mundo que disseminam o pânico fabricado e agravado pela massificação da desinformação em uma função degradante bem desempenhada pelas mídias mundiais que os estúpidos humanos consomem e acompanham estupefatos passivos vendo seu próprio fim e se forem extrair alguma coisa deste texto e se quiserem ler um documento arrumadinho rebuscado acadêmico muito cheio de floreios com palavras bem escolhidas para enganar e com certezas recheados de meias verdades sem contradições pode fechá-lo que aqui não encontrarão refúgio porque nem nos livros de doutrinação vocês encontrarão uma análise mais sincera da realidade que nos cerca e esqueçam a coerência simplesmente porque nada nessa nossa miserável existência é coerente e definitivo e relembrem que alguns estúpidos humanos são a favor do aborto e contra a pena de morte mais enquanto o vírus da liberdade de pensar existir no DNA dos humanos e que alguns simplesmente não o usam ou por preguiça mental ou mesmo por estupidez e para quem não tem a capacidade de deixar o pensamento voar livre de todos os dogmas doutrinas e convenções pré estabelecidas é melhor também não seguir adiante na leitura melhor ficar no seu mundinho dourado enquanto o mundo real e cinzento pega fogo e podem pensar o que quiserem extraírem o que der na telha podem rir e debochar rotular e muitos dirão que discordam das descargas deste depoimento que como já dito pode ser contestado com argumentos evidentemente e porque este será o sintoma de que o documento chegou aonde eu queria que chegasse pois eu busco a discussão pura e simples e não a mesmice do consenso pré programado dos manipuladores da estupidez humana e só acreditando no vírus da liberdade do pensamento que cada ser humano carrega e que alguns usam outros desprezam e outros nem sabe que possuem e usando-os ou não ele existe e vem entranhado da medula até o esfíncter e só argumento que pensem por si mesmo de verdade observem e compreendam a realidade e desconfiem daqueles que tentam traduzi-la para você e que milhões caem na esparrela de achar que pensam quando na verdade não querem raciocinar e nem desenvolverem o que vão dizer com medo de pensar e vão reproduzindo clichês e frases feitas criadas meticulosamente para você concordar sem pensar e repeti-las aproveitando que a maioria da humanidade não tem mesmo ideias próprias vão-se criando narrativas dirigidas que estúpidos humanos acreditam em cada palavra de ordem descambando para uma discussão vazia carregada de frases feitas sem perceber a manipulação com narrativas tendenciosas e não custa nada tentarem ao menos serem apenas e tão somente originais na exposição do pensamento sem receio do ridículo pois aqueles que trazem um pensamento uniforme pronto pasteurizado ufanista triunfante cheio de certezas não passam de embusteiros infames patéticos com sua fórmula pronta para incutir com sucesso o pensamento unitário e alheio nos estúpidos humanos do segundo grupo como lhes foi ensinado pelos dinossauros doutrinadores da cultura marxistas que sabendo desta terrível falha humana desta facilidade de manipulação do pensamento justificam o pensar por vocês e milhares de incautos acreditando que pensam por si quando na crua realidade estão sem o saber sendo o idiota útil descrito por um outro festejado psicopata comunista que formulou uma tese que reconheço vitoriosa entre os estúpidos humanos enquanto estava enjaulado escrevendo sobre a conversão inconsciente ao comunismo que se daria através de uma revolução cultural e as revoluções já não se dariam mais pela união e conscientização do proletariado mundo afora distanciados por milhares de quilômetros e porque também o capitalismo davam-lhe melhores condições de subsistência passando da miséria absoluta á uma situação mais remediada e as revoltas se dariam agora entre nações exploradoras e nações exploradas através das pessoas estúpidas e manipuláveis destes países sob a forma de uma revolução cultural silenciosa imperceptivelmente introduzidas nas mentes aos poucos através das universidades da literatura da arte da propaganda e imprensa ou aonde os idiotas úteis buscam informações e seriam

induzidos a internalizarem o discurso revolucionário marxista sem o saberem que foram levados a tal condição

como se vê hoje nos estudantes nos acadêmicos nos jornalistas nos idiotas uteis e outros formadores de opinião e claro nos estúpidos humanos do segundo grupo que funcionam como papagaios da mídia tradicional e se não quiserem cair na armadilha das doutrinações tentem ao menos usar várias fontes de informações fora das mídias tradicionais e raciocinar por conta própria sem receios antes de assimilar conceitos alheios e saírem por aí pensando sem pensar dizendo qualquer coisa que lhe foram incutidas e vale também o pensamento intempestivo mas desde que venha de dentro de você e como pressuponho que não existe coerência nos sentidos da espécie humana podemos ser o que quisermos mas expulse a certeza porque ela fecha as portas da percepção e fique tranquilo porque a contradição existe quando não assimilamos profundamente determinado assunto ou quando nos são trazidos outros argumentos mais lógicos racionais e contundentes que nos façam repensar o que pensávamos e com isto evoluíssemos intelectualmente e a liberdade de pensamento nos garante esta maravilhosa possibilidade que é um inferno para aqueles que se guiam pela coerência irrestrita dos dogmas doutrinários e para sermos mais contraditórios e livres podemos desdizer o que dissemos sem medo das amarras de uma coerência rija só respeitando seus valores inegociáveis e guiados pela lógica dos fatos e do pensamento e é dessa fragilidade da capacidade humana de negar por vezes a lógica ou a contradição que pensadores e artífices da cultura marxista se aproveitam para renovar a cada década sua doutrinação afim de incutir sua filosofia destrutiva na maioria esmagadora daqueles que têm deficiência cognitiva e que são incapazes de diferenciar um pensamento próprio de um pensamento unitário e alheio pouco importando as consequências catastróficas desta febre que assola com rapidez a humanidade moderna e estes pensadores e propagadores da cultura marxista querem colocar na conta dos conservadores a pecha de fascistas da extrema direita sendo que uma simples e breve leitura dos princípios e ações propostas pelos intelectuais marxistas e fascistas

veremos nestas duas doutrinas mais semelhanças do que diferenças

justamente o oposto do que encontramos nas propostas e nos valores morais econômicos e culturais do conservadorismo e não adianta espernear fazer cara feia ficar feito criança mal criada batendo o pezinho emburrada porque isto é um fato e é aonde os comunistas querem chegar pregando um estado totalitário acima de tudo e mais o partido único a censura do pensamento e a destruição dos valores morais da civilização judaico-cristã e da família e das religiões para colocarem outros valores morais em seu lugar valores muito mais perniciosos e desagregadores como estamos vendo e começando com a negação de toda e qualquer realidade existente e a relativização moral visando a destruição de tudo que foi construído até hoje pelos homens e pela ciência e cito como exemplo desta destruição a escandalosa "ideologia de gênero" que afronta violentamente a ciência sem falar da moral mas que serve de discurso para desagregação dos valores morais da civilização ocidental e para marxistas destilarem sua permanente insatisfação com tudo e com todos e esta proposta de desconstrução de tudo que represente a civilização ocidental foi inspiração do gigolô barbudo que afirmava ser necessário destruir tudo para a construção da utopia socialista do zero e anos mais tarde este mesmo conceito foi repaginado com o nome pomposo de

"Dialética Negativa" introduzida nos meios universitários e midiático

que resumindo é a negação extrema de tudo é a critica radical de tudo apropriando-se de toda e qualquer insatisfação provenientes dos estúpidos humanos e usá-las como instrumento revolucionário para dividir os próprios estúpidos humanos e destruir a civilização ocidental e obviamente implantar a utopia socialista incentivando neste rol de insatisfeitos que negros lutem contra brancos pobres contra ricos homossexuais contra heterossexuais filhos contra os pais ateus contra cristãos e disso não tenham dúvidas os valores morais que trouxeram a civilização ocidental até aqui serão substituídos por outros muito mais nefastos e não haverá um hiato sem valores morais para reger a vida dos estúpidos humanos do segundo grupo e temo que estes valores sejam programados por psicopatas marxistas e aliás já temos uma amostra do que vem por aí com a "ideologia de gênero" e é também uma escalada mundial pela censura e tendo como carro chefe à supressão de toda e qualquer liberdade de expressão e será assim sai uma vem outra que sabemos ser de estrangulamento das liberdades até então conhecidas e essa substituição é inevitavelmente assim sai uma vem outra no lugar e é como aqueles que pregam o fim da polícia outra polícia virá em substituição podendo ser mais violenta arbitrária e sem um controle democrático do que esta que está aí que é regida por diversos mecanismos de controle e imaginem vocês uma polícia regida pelos princípios da doutrina marxista e ou fascista e imaginem qual o critério do uso constitucional da força vindo de regimes totalitários como o do Maduro ou Kim Jong I por exemplo e ainda tem estúpidos humanos que têm algum tipo de dúvida sobre o terror comunista mesmo com os fatos apontando e provando que será muito pior não convence e mesmo vendo que seus direitos mínimos serão rasgados a toda hora e mesmo assim não acreditam e nem tudo ou todos respiram somente política partidária os interesses pessoais correm juntos e um comunista com mais poder no bairro come melhor e tem regalias que outros camaradas não teriam criando uma casta de dedos duros de vizinho entregando vizinho e é como no poema de Martin Niemöller todos acabarão presos levados para algum campo de trabalhos forçados se tiverem essa sorte

o comunismo e o fascismo estão umbilicalmente ligados pelos pressupostos de suas doutrinas irmanadas no conceito do estado totalitário

para justificar a violência e a intolerância com quem pensa diferente e como instrumento de dominação e também controle social e digam que minto que espalho notícias falsas que as bases teóricas das doutrinas comunista e fascistas não pregam o estado absoluto o partido único a censura prévia a desapropriação das propriedades a estatização da economia a abolição das religiões a guarda dos filhos tudo igualzinho e por isto que eu afirmo que comunismo e fascismo são irmãos gêmeos univitelinos mais ocorre que eu sei ler e racionar e verifiquem vocês os pressupostos destas ideologias que curiosamente não veremos isto no conservadorismo que tem sua fundamentação baseada nas garantias legais dos direitos individuais e de expressão no direito de ir e vir e outras garantias do estado de direito e os conservadores para as mídias são os radicais de extrema-direita mas alguns idiotas úteis deslumbrados com a seita comunista certamente concordarão usando os mesmos clichês e rótulos ditados pelo comando como "machistas" "homofóbicos" "misóginos" "nazistas" "racista" e a mais nova "negacionistas" que na prática estão usando o velho lema marxista do acuse-os do que você faz e xingue-os do que você é só para desestruturar o opositor e estes mesmos idiotas úteis dizem que as elites bilionárias da extrema direita financiaram os regimes fascistas e não deixou de ser verdade no passado mais hoje está provado que as elites

bilionárias financiam os comunistas e a social democracia porque vislumbram nestes regimes uma política de destruição dos valores morais da civilização judaico-cristã que impõem um freio moral nas atividades econômicas do capitalismo

e sem este freio moral os grandes capitalistas podem atuar sem limites ou decência livres de qualquer carga moral como o do pecado da usura ou cobiça aumentando ainda mais seu poder e ganhos e isso em parte explica porque as elites bilionárias globalistas financiam os comunistas e todos os movimentos "sociais" radicais de esquerda o que confunde muitos estúpidos humanos e idiotas úteis de todas as ideologias do segundo grupo como uma suposta contradição e outro motivo da preferência das elites bilionárias pelo modelito comunista é a estabilidade política dos regimes totalitários quando qualquer manifestação política contrária surgir não tem conversa passa-se o tanque em cima como foi feito com os estudantes na China em pleno desfile na praça celestial cujo paradeiro e quantos mortos ninguém sabe e assim como os globalistas os comunistas também não gostam de turbulências políticas mais todos eles tiram proveito delas mas que não são boas para os negócios nem para os regimes totalitários e o pior é que muitos esquerdistas não conseguem assimilar o jogo passando a aceitar o dinheiro dos globalistas pensando que lá na frente irão dar um golpe no capitalismo que tanto odeiam e que tanto dependem

"não dá para fazer revolução sem dinheiro" disse Lenin e foi assim que os capitalistas alemães financiaram a revolução russa

sendo os principais beneficiados pela revolução fornecendo capital insumos e produtos industrializados para a nova república socialista atrasada economicamente pelas políticas equivocadas do império russo em decadência sendo esse um fator que levou ao sucesso da revolução que sem dinheiro nunca poderia consolidar-se no poder e podemos também colocar neste pacote de ataque das elites bilionárias aos estúpidos humanos do segundo grupo o controle maior das liberdades individuais das populações que eles chamam agora de reengenharia social nome bonito para uma finalidade macabra e que isto nada mais é do que uma nova nomenclatura para o velho sistema comunista de controle social e gastam-se bilhões para expandir mundo a fora com essa cultura marxista em busca de mais poder e por outro lado reforçar a repressão aos libertários conservadores e o plano está atingindo níveis que os comunistas e fascistas e outras seitas totalitárias jamais pensaram chegar tão facilmente com a adesão dos poderosos metacapitalistas financiando as operações de perseguições aos conservadores e através da corrupção de políticos para aprovarem leis que amordacem a opinião pública e de governantes que às implementam e no plano da comunicação financiando mídias tradicionais e empresas de tecnologias que vão com seus "termos de serviço" limitando a liberdade de expressão e para completar o ataque utilizam as grandes mídias abertas completamente aparelhada e vendida para moldar a opinião pública na marra e não bastava agora só a tirania do pensamento unitário marxista temos também o capital a serviço desta ameaça mundial e a China é o exemplo clássico desta afirmação do por que as elites bilionárias buscarem regimes totalitários para financiar e a resposta é que nestes sistemas o controle estatal é mais efetivo e a repressão é sua arma mais eficaz e mortal para controlar a vida e a economia permitindo que estas elites bilionárias atuem com mais liberdade sem sindicatos e sem escrúpulos morais sobre os estúpidos humanos do segundo grupo ao passo que nos sistemas democráticos existem sindicatos de trabalhadores e regras fiscais e morais mais rígidas e limites constitucionais para a atuação do grande capital baseados nos direitos fundamentais de sobrevivência de cada ser humano e na igualdade de oportunidades e liberdades civis e mais as oscilações do mercado com procura e ofertas de empregos para todos e é aí então que nos regimes fascistas e comunistas os megacapitalistas prosperam muito mais do que nos regimes democráticos porque tudo é controlado por um único partido geralmente corrupto que governa os estúpidos humanos facilitando as negociatas os arranjos suspeitos os conchavos de barganhas e todo tipo de imoralidade e é nos regimes totalitários que eles atuam com mais liberdade e isto parece contraditório mais não é e explica o por quê das elites bilionárias financiarem os regimes totalitários como a ditadura Chinesa a qual os veículos de imprensa do mundo todo tratam com lhaneza esquecendo propositalmente que ali tem uma ditadura sanguinária assassina e assim chegamos ao ponto de não podermos mais reagir com a força ou intelectualmente ao ataque agressivo dos fomentadores do globalismo e da cultura marxista muito menos reagir na ponta da lança porque o aparato bélico atômico dos países comunistas é uma realidade que nos encurrala e os países democráticos que também possuem seu arsenal atômico ficam reticentes subjugados temendo o fantasma da culpa paralisados entre promover uma guerra atômica total e por consequência atingirem o resto da humanidade e serem responsabilizados pela hecatombe nuclear que dizimará bilhões de estúpidos humanos dos dois lados ou render-se presos a esta camisa de força e assim os globalistas e comunistas vencem sem ao menos soltarem uma mísera bomba comum e poderão efetivamente dominar o planeta e o jogo já foi jogado o cheque mate já foi dado pelos comunistas com o auxílio bilionário das elites globalista que sustentam financeiramente nas universidades e nas mídias o discurso doutrinário marxista ou comprando quem aparecer para atrapalhar sua escalada infernal e não falta gente que queira trair a espécie humana por 30 moedas e na mídia são jornalistas e artistas e na política compram-se os que estão na vitrine da corrupção nos três poderes e este plano macabro de dominação completa dos estúpidos humanos é o que motiva os globalistas a alcançarem mais poder do que já tinham e todos eles apropriaram-se deste método totalitário na forma de um governo universal para consolidar e garantir o poderio do Clube de Bilderberg e como regra o contraditório e a contestação no plano dialético serão violentamente abolidos e não haverá discussão só querem que exista o consenso deliberadamente pré programado e a força que tenha como resultado a formação de verdadeiros autômatos que pensam que pensam criando o cidadão artificial que não têm opiniões próprias e são os estúpidos humanos do segundo grupo que enchem os pulmões para dizer que "este é o meu pensamento" ou "esta é a minha opinião" quando por falta de raciocínio próprio pela falta de conhecimento e escassez de leitura dos clássicos da literatura ou um periódico qualquer e também de uma visão crítica das informações que recebe adotando de imediato uma versão oficializada e abandonam o seu pensamento livre e desprezam o contraditório desdenhando das discussões e debates e cospem o pensamento unitário e alheio imposto pelos manipuladores da cultura marxista e propagado pelos chamados formadores de opinião e corroboram para tal comportamento inaceitável os profissionais da comunicação que compromissados com sua ideologia nem disfarçam mais na manipulação descarada da informação e a incoerência assustadora de artistas que precisam da liberdade de expressão para criarem como precisamos do ar para viver também fazem parte desta cosmo visão marxista e estão engajados nesta operação de apoio a uma ideologia que censura as opiniões e poda a própria criação e assim como os políticos que também precisam desta liberdade para exercerem suas funções fazem coro com os censores da ideologia marxista criando até leis que amordaçam o cidadão e é isso que vamos assistindo e me digam se isto é ou não é uma estupidez humana

ver jornalistas artistas e políticos coniventes e incentivando a censura aos que pensam diferente e isso é de uma estupidez humana impressionante

e que até pouco tempo era impensável ver estes profissionais apoiarem esta excrescência e é inacreditável que aceitem a perseguição imposta pelos fascistas e comunistas à liberdade de expressão dos conservadores e nesta luta pela preservação da liberdade de expressão a maior estupidez que nos deixa estupefatos vem da maioria dos jornalistas da atualidade que tinham o dever e a obrigação profissional de serem imparciais e honestos para relatarem a realidade dos fatos e acontecimentos no mundo mas qual o quê eles são os primeiros a manipularem e distorcerem as informações e passam a fazer o papel de canalhas da massificação da desinformação e não escondem mais suas convicções político partidária e o lado ideológico e para quem eles trabalham auxiliando na destruição da inteligência renegando um conceito que jamais poderia deixar de ser destruído e não deviam porque o que eles têm como matéria prima é a liberdade de expressão só que alinham-se hoje em sua quase totalidade contra esta liberdade e a favor da desinformação paga que é uma arma da cultura marxista para manipular os fatos e a realidade e impor uma opinião e é essa violência contra os estúpidos humanos do segundo grupo que é sabidamente contrária à liberdade do pensamento e de expressão é o uso mais patético da estupidez humana logo de quem se esperava a defesa intransigente da liberdade de expressão e de pensamento e o que assistimos é a estupidez de quem depende da liberdade desprezar a mesma e estarão eles pensando por conta própria ou caíram na armadilha do pensamento unitário e alheio que vem impregnado na formação destes profissionais que a corrente da lógica do momento os conduzem ou foram comprados vendendo sua dignidade e tudo leva a crer que não estão pensando por conta própria porque se realmente pensassem por conta própria saberiam dos riscos que esta lógica inversa trás para sua existência profissional e para a existência da humanidade e por coerência deveriam ficar na contramão desta tendência histórica mas caminham juntos com os jumentos docemente para o matadouro do pensamento unitário e alheio felizes com a sua estupidez e incoerência suicida mas com o bolso cheio de dinheiro

e para quê tanto dinheiro seu moço em um mundo socialista se o dinheiro em abundancia só tem graça nas democracias

e chegamos ao ponto crucial que separa o pensamento livre do pensamento unitário e alheio do coletivismo da cultura marxista é o admirável mundo novo instalado nas democracias cuja profecia já nos dizia que ela seria transformada em uma tirania disfarçada de democracia é o "grande irmão de 1984" é a "novilíngua" se consolidando para acinzentar as mentes e a vida dos que não mais objetivam uma confrontação aos ataques sistemáticos dos formuladores desta cultura e que hoje infiltram-se e usam as democracias para nem tão silenciosamente destruí-la por dentro e que sem um antídoto eficaz definham rapidamente e os cultivadores da liberdade vão perdendo espaço no grande debate mundial e cedendo vergonhosamente aos ataques incansáveis dos globalistas e comunistas e capitulando das suas principais conquistas e seus principais trunfos porque não querem ser incoerentes e macularem o maior legado das democracias baseado na liberdade do pensamento mas que em contrapartida não têm nenhum mecanismo que as defendam dos pensamentos totalitários da cultura marxista que a invadem e a conspurcam mas os megacapitalistas estão absolutamente tranquilos quanto a ascensão da cultura marxista porque sabem que não existe uma economia socialista e o capitalismo triunfará como a única ideologia porque numa economia totalmente planificada como a socialista não prospera com poucos excedentes de produção e de consumo baixo e zero de acumulo de capitais e o destino de toda economia socialista é a falência portanto esta ascensão da cultura marxista não oferece perigo ao grande capital que hoje absorveu o discurso e os valores do socialismo/comunismo como absorveu tudo que veio pela sua frente ou que iam de encontro ao seu sistema como o movimento mundial da contracultura dos anos 1950/60 que pregavam contra o capitalismo através dos seus movimentos como o dos Beatnik dos Hippies do Black Power do Rock e da Pop Arte e o capitalismo ao invés de combatê-los absorveu-os como fazem com quem o contesta e porque assim também ganham mais dinheiro distribuindo benesses e enriquecendo seus líderes contestadores e ídolos artísticos e pelo que se sabe a maioria destas pessoas se adaptaram muito bem ao capitalismo ficaram ricas e agora estão de mãos dadas com o capital que tanto combatiam e não conheço nenhum ídolo da contracultura famoso que não tenha enriquecido e o capitalismo vem se transformando também abandonando os valores conservadores da moral judaico cristã para abraçar os valores da cultura marxista/socialista e de minorias como os LGBTs porque assim ampliam o poder e ganha-se mais dinheiro e hoje a cultura revolucionária é a que trás o maior faturamento no mercado de qualquer coisa e como exemplo o de estampas nos produtos com ícones revolucionários com o porco carniceiro Che Guevara estampados até em biquínis de grifes caríssimas e exibidos por Top Models e então o capitalismo é que é o malvado e não quem os combatem e esses se enganaram mais uma vez e são aqueles propagadores idiotas que não percebem que os comunistas trabalham para as elites bilionárias e é o capital que absorve tudo que possibilite mais ganhos e ainda vimos idiotas úteis idealistas marxista achando que vão destruir o capitalismo aonde nenhum país socialista/comunista fez isso porque eles precisam de uma nesga capitalista para sustentar seus regimes isso parece contraditório mas não é e explica esta absorção dos valores socialistas pelo capitalismo e vice-versa e por isso não há espanto algum quando vemos as elites bilionárias globalistas despejando bilhões de dólares em movimentos sociais de víeis socialista ou ainda aproximando-se e financiando políticos e artistas para que propaguem a cultura marxista em todo o mundo e me escrevam dizendo qual o comunista\socialista que não gosta de dinheiro eu mesmo não conheço nenhum dessa turma que gosta mais de dinheiro do que os capitalistas e vejam que a China comunista adotou uma economia de mercado que eles chamam de capitalismo de estado e que foi alimentada pelas elites bilionárias americanas por décadas mas não vamos tratar aqui de economia e sim superficialmente da estupidez humana e vamos ser realistas a maioria dos chineses como do resto de parcela considerável da humanidade podem entrar nos grupos de estúpidos humanos porque um não luta por liberdade e o outro oprime e essa camisa de força que a cultura marxista colocou nas democracias deixaram-nas de joelhos sem um mísero artifício de defesa difundindo-se sem barreiras intelectuais com lemas de pouco pão muito circo muito sexo muitas drogas das FARCS e essa vem sendo a receita perfeita para a destruição das democracias ocidentais e alienação geral dos estúpidos humanos do segundo grupo daí a premonição catastrófica dos pensadores conservadores de que estamos em um processo sem volta de destruição da civilização ocidental e estes alertas foram desprezados por décadas graças a estupidez humana da maioria do segundo grupo que aceitando a dominação através da lavagem cerebral na guerra cultural sem nenhum obstáculo cederam e facilitaram a difusão do pensamento unitário e alheio marxista que avança velozmente e com outra ideia macabra descemos ao patamar mais abaixo com a assunção do conceito de multiculturalismo muito diferente do conceito de intercâmbio cultural que é o que já ocorre há milênios com a imigração de artistas e intelectuais para outras nações levando consigo toda bagagem cultural acumulada em seus países e que em contato com novas culturas criam uma estética nova um novo padrão artístico e literário mas que não se pode chamar de um produto do multiculturalismo porque mesmo misturando as duas culturas originais elas estarão lá presentes nas obras bem nítidas e separadas no conjunto por suas influencias e perfeitamente integradas no objeto final da criação e essa falácia do multiculturalismo é desmontada brilhantemente pelo escritor conservador e premio Nobel de literatura Mario Vargas Lhosa em seu livro "A civilização do Espetáculo" simplesmente afirmando que é impossível ter surgido em cada canto do planeta uma mesma cultura com as mesmas características símbolos crenças artes tudo ao mesmo tempo e com refinada ironia critica os ideólogos da asneira Gilles Lipovetsky e Jean Serroy respondendo que *"(...) cultura-mundo me parece discutível, como o fato de essa cultura planetária ter desenvolvido um individualismo extremo em todo o globo... A cultura-mundo, em vez de promover o indivíduo, imbeciliza-o, privando-o de lucidez e livre-arbítrio, fazendo-o reagir à "cultura" dominante de maneira condicionada e gregária, como os cães de Pavlov à campainha que anuncia a comida (...)"* e o multiculturalismo nada mais é do que a negação da rica diversidade cultural dos povos formada por séculos de conhecimentos e lutas libertárias empreendidas pela humanidade através dos povos e preservadas por gerações pelos conservadores e que definem a identidade dos povos e este conceito ganha terreno e avança porque como tudo que vem dos comunistas o multiculturalismo veio para destruir séculos de história da cultura judaico-cristã herdeiros do helenismo reduzindo e pasteurizando o pensamento em troca de um pensamento unitário e alheio através da implementação de uma outra cultura que não se sabe qual será e também não se enganem que com a destruição das culturas tradicionais virá uma outra cultura que não se sabe

qual é e porque não existe humanidade sem uma cultura e esta
será substituída por uma outra que creio mais homogênea
unitária completando a obra do pensamento unitário e alheio
universalizando a idiotização da humanidade para poucos
dominarem-na e o conceito do multiculturalismo foi
implementado com estrondosa adesão dos estúpidos humanos
na maioria dos estados da União Europeia e na esteira da
desconstrução de tudo o conceito de nacionalidade um velho
sonho de destruição marxista ganha reforço dos globalistas
para sua desconstrução e o nacionalismo está sendo usado
como ferramenta de doutrinação através das academias e
universidades que propagam uma adjetivação maliciosa dita
pelos doutrinadores marxista de que as nações ocidentais
exacerbam o nacionalismo o que modifica todo o sentido do
que é o nacionalismo sem o rótulo xenófobo dado pela
esquerda internacional que é a identidade de um povo e usado
com toda justeza pelas nações e povos como símbolo de
integração e como arma política para a defesa territorial e da
sua identidade cultural nacional mas que vem sofrendo
sistematicamente ataques incessantes de globalistas e
comunistas porque não interessa aos dois governarem para
países com fronteiras e cultura própria que ambos querem
abolir e não estou aqui para contar piadas mais um quer fazer a
pátria grande e o outro quer a governança mundial pois bem a
incorporação da palavra exacerbar ao palavreado da cultura
marxista na adjetivação para remeter a nacionalidade á outro
conceito á outra categoria quando exacerbação nada mais é do
que um eufemismo para taxar de imperialistas os nacionalistas
porque ações exacerbadas de nacionalidade para a esquerda é
romper fronteiras e ganhar contornos de expansão imperialista
o que não deixa de ser verdadeiro quando nações extrapolam
suas fronteiras nos conflitos com objetivos de dominação mais
o uso do termo e a prática do nacionalismo são absolutamente

legítimos na defesa de uma cultura e do seu território quando estão sob ataque e vejam que a China tem "exacerbado" seu nacionalismo não é mesmo e sob os olhares complacentes ou covardes das nações democráticas e da ONU excetuando-se os Estados Unidos da América no governo Trump sem os chineses serem acusados de imperialistas como os comunistas fazem com as nações democráticas e vocês acham que a China apossou-se dos valores morais da civilização ocidental e estaria querendo dominá-las em nome destes valores ou vem querendo impor seus próprios valores nacionais e o mundo ocidental assiste a tudo passivamente e com a colaboração espontânea daqueles que dizem que pensam e o caminho estará pavimentado para um comando único e mundial que não terá vida fácil porque também será disputado por aqueles que hoje promovem o caos e vamos supor que prossigamos a ser da espécie humana carregada do vírus do pensamento próprio e livre que contra tudo e contra todos se manifestará em alguns poucos e contaminará outros tantos poucos e quase nada poderemos fazer e falando francamente sou otimista quanto a irreversibilidade da idiotização coletiva da humanidade porque quando uma maioria se recusa a usar o raciocínio e o livre pensar aceitando tudo que vem dos manipuladores da informação sem ao menos duvidar um instante da certeza destes influenciadores o pacote já vem pronto para aniquilar o livre pensar e para quê pensar quando pensam por mim e porque também as técnicas de manipulação que sempre existiram mais que no mundo moderno elas se aperfeiçoaram exponencialmente apropriando-se do livro da rádio da televisão e agora da internet e estes difusores de cultura e informação não seriam problemas se a maioria pudesse através do raciocínio refutar ou assimilar e é ilusão achar que a difusão e diversidade das ideias ganharam mais espaço nestes meio de comunicação quando os manipuladores atuam fortemente nestes veículos difusores e aonde a maioria permanece obtusa e preguiçosa para raciocinar o que leem assistem ouvem e aliada a esta indolência de pensar e a inerente estupidez que acompanha os humanos desde Adão estão os idiotas uteis com sua empáfia enganosa e o campo para a manipulação abre uma cratera gigantesca imensurável e o

plano de idiotização da humanidade segue seu curso sem nenhuma barreira física ou intelectual que o contenha

e aqueles poucos que ainda raciocinam não terão a força necessária para contrapor o volume de idiotas que se formam a cada segundo no mundo e como bem disse Nelson Rodrigues um dos maiores dramaturgos brasileiro *"o mundo será governado pelos idiotas não porque tenham capacidade mas porque são muitos"* e todos eles achando que pensam e até os renomados centros de formação outrora considerados de excelência trabalham para imbecilizar seus alunos e glamourizar a estupidez como é o caso da não menos festejada Harvard que agora convida para palestras todo tipinho de imbecil que se destaca na baixa cultura mundial aonde até uma funkeira brasileira que tem como atributos as pernas roliças e cantar com a bunda empinada suas músicas sexualizadas de baixo nível intelectual também foi lá na Harvard dar uma palestra e a destruição da alta cultura é imprescindível para a implantação da Nova Ordem Mundial sob à roupagem de uma cultura de massa mais democrática acessível e de fácil assimilação feita quase que exclusivamente para o entretenimento e a diversão do prazer da maioria dos estúpidos humanos invertendo o traçado intelectual que na minha opinião deveria ser o de seguir em direção à complexidade da alta cultura e não estabelecer um padrão mundial de mediocridades e degradações como estamos presenciando agora e podem criticar que é preconceito mas é este o quadro esculhambado da formação premeditada de mentes e corações lobotomizados pelo mundo e os globalistas e comunistas deliberadamente incentivam a estupidez humana e nem precisavam disso já que infelizmente a maioria da humanidade é entupida mesmo e quando falo que é uma anomalia universal estou falando também da história da humanidade desde os primórdios civilizacionais passando pela Grécia e Roma da antiguidade até nossos dias porque nem todos na Grécia e na Roma antiga eram Platões ou Virgílios e estavam lá também uma massa de estúpidos manipuláveis assim como tem hoje em dia na Europa nos Estados Unidos na Ásia no Oriente Médio na Oceania e América do Sul em todo planeta tem lá a sua porção de energúmenos acéfalos e

é por isso que eu não acredito na reversibilidade do quadro atual e agravante de idiotização da humanidade

e no Brasil estatística (2015) demonstraram que 50% dos que saem das universidades não conseguem interpretar um mero texto de 10 linhas sem nenhuma complexidade ou fazer uma conta de regra de três simples e a prova contundente deste plano universal foram os governos comunistas no Brasil que conseguiram ainda a proeza aplaudida e aceita pela população imbecilizada e pasmem o que seria inimaginável em qualquer sociedade baniram por lei a reprovação escolar e o mérito que se dane mas ora se é para deixar os jovens tão imbecis como quando entraram nas escolas para quê gastar dinheiro com educação é melhor economizar abolindo de cara as salas de aulas e demitindo os doutrinadores disfarçados de professores porque com eles ou sem eles e esta lei já formávamos um exército de analfabetos funcionais e seria mais econômico e mais lógico dentro desta "lógica" da cultura comunista dispensar a matrícula e a frequência e dar logo aos jovens quando fizessem 16 anos o certificado de primeiro grau e quando chegassem aos 18 anos receberiam o de segundo grau coroando com economia esta medida criminosa muito bem planejada pelos globalistas e

comunistas porque interessa aos dois perpetuarem a ignorância das massas bloqueando o livre pensar

e o estudo e o ensino virou para as classes médias no mundo e no Brasil um trampolim para ascensão social e para ganhar apenas dinheiro ao invés de encarar o estudo também como um meio em si para ganhar conhecimento e crescimento intelectual libertando-se da ignorância e tirania de psicopatas marxistas e globalistas e não vai demorar muito para banirem a literatura geral e as obras clássicas das estantes escolares e livrarias porque a imaginação e a transmissão do conhecimento será desnecessária já que eles pensam por vocês oligofrênicos do planeta e não estou falando para as classes C D ou E eu falo da classe média cheia de diplomas composta em sua imensa maioria de orgulhosos e empertigados idiotas úteis e analfabetos funcionais que influenciam as classes abaixo da sua e que sustentam financeiramente este genocídio intelectual com a certeza de que estão orgulhosamente acima dessas massas de ignorantes e uma das últimas barreiras para a implantação do utópico paraíso socialista ou governança mundial seria a religião católica a maior do mundo e que foi atacada inicialmente pela cultura marxista com a massificação do conceito de que a religião é o ópio do povo e como esta tática não deu muito certo a princípio e logo percebendo eles o quão seria difícil eliminar do espírito humano a religiosidade mesmo das maiores crenças no mundo como o islamismo e o cristianismo os comunistas utilizaram daquela máxima de não poder com uma força se junte a ela infiltrem-se e destruam-na por dentro e assim está sendo feito no mundo cristão das democracias e com mais resistência no mundo islâmico porque no mundo islâmico estado e religião se juntaram para dominar as mentes as leis e costumes criando uma barreira impenetrável mas que no cristianismo vem dando certo com a separação da religião do estado nas democracias e com a criação da famigerada teologia da libertação formulada fora da igreja por pensadores marxistas e que nada mais é do que uma adaptação do catecismo comunista a catequese religiosa minimizando os efeitos da religiosidade e maximizando a cultura marxista e ainda temos milhares de católicos que aceitam este engodo de seus líderes religiosos sem ao menos procurar saber de onde vem a ideia e quem são os autores de tamanha heresia comprovando a estupidez até daqueles que têm a fé como apego emocional e que por conta das nossas fraquezas e do medo natural e humano do desconhecido que nos levam a acreditar em poderes superiores aos da nossa insana espécie humana e isso não é ainda o fim dos tempos o fim mesmo virá quando não houver mais nenhum

humano pensando por si todos embarcados alegremente e afinados no mesmo diapasão da cultura marxista como os ratos da fábula do Flautista de Hamelin

escravizados pelo pensamento unitário e alheio e isso não está longe de acontecer coroando com sucesso o triunfo dos manipuladores das mentes vazias e para o desespero dos que ainda têm alguns neurônios e será mais uma porta arrombada sem resistência nenhuma e a outra que em breve será esfacelada é o núcleo que nos separa da barbárie do mundo civilizado e que ainda por enquanto representa o elo fraternal indissolúvel entre os humanos e que nos impede naturalmente de destruir-nos uns aos outros e que é o sentimento de familiaridade este sentimento de amor puro e casto entre os que consideramos normais que é este núcleo que chamamos de família permanentemente sendo um dos alvos da cultura marxista que sem muita cerimônia e respeito incute aleivosias bem trabalhadas e de sofisticado apuro na nomenclatura dando ares de ciência onde só tem falácias que vão trombar com o que é de mais natural e científico comprovadamente existente na espécie humana mas que para a doutrinação comunista não há nenhuma incoerência desde que ela sirva aos seus propósitos de dominação e chegamos no absurdo dos absurdos com a ideologia de gênero que mais parece uma miscelânea sexual dos seres vivos criada para esgarçar as sociedades aonde ainda existam seus códigos de conduta para justamente frear o instinto animal que nos separa destes irracionais comunistas e para edificar uma insanidade os ideólogos desta barbárie avançam sobre tudo que a humanidade conquistou e construiu na face da terra porque essas não satisfizeram a sua psicopatia doutrinária e fechando a tampa da esquife das democracias temos os produtores de conteúdo midiáticos que trazem a pá de cal para consolidar a idiotização geral dos estúpidos humanos aproveitando que a maioria não quer mesmo pensar pensam eles pelos obtusos que compram e pagam suas opiniões e conceitos sem ao menos racionar sobre a informação que recebem "ora já pensaram por mim porque eu vou queimar neurônios" é o consenso e um exemplo dessa subserviência intelectual foi a última pandemia que com o auxílio da mídia espalharam mais pânico nas populações do que em epidemias anteriores e mais letais do que esta de 2020/21 e ao que se sabe por vírus fujões produzidos em laboratórios da China comunista e foi quando as mídias mundiais a soldo das elites globalistas criaram um clima de

total pânico que provocou a maior recessão e depressão econômica da história da humanidade menos na China e essa "fraudemia" era como foi uma gripe menos letal do que a gripe espanhola

do final do século 19 e a mais recente chamada influenza (N1H1) que de longe não provocou uma histeria mundial nem derrubou os mercados e empregos provando sim a capacidade de manipulação da mídia sobre a estupidez humana do segundo grupo e provando também que foi tudo arquitetado para testar a letargia e a fragilidade intelectual dos estúpidos humanos e grau de aceitação com este experimento social verificando até onde poderiam seguir suprindo direitos civis fundamentais sem que a imensa maioria dos estúpidos humanos refutassem o absurdo que foi a "fraudemia" e até agora sem dúvida nenhuma o maior plano dos ataque dos globalistas já posto em prática no mundo e seguramente a operação mais cara para os pobrezinhos metacapitalistas e neste clima de caos surgem como sempre os comunistas azeitados com verdinhas dos globalistas para potencializar e festejar a desgraça do vírus chinês ao ponto de políticos a artistas darem as boas vindas ao vírus como fez no Brasil o bandido nove dedos e nos EUA a atriz Jane Fonda que louvaram o vírus e por tabela o genocídio como arma política nas regras do fascismo e atribuindo-se a este poder de persuasão da mídia a certeza de que o serviço sujo e pago de idiotização da humanidade é certo porque a maioria é estúpida mesmo e a "fraudemia" provou isto e somado aos que ainda não conseguem filtrar as informações e os que não raciocinam e recebem docemente qualquer informação seja manipulada ou não como esta última da "fraudemia" de matéria plástica conhecida como peste chinesa fabricada especialmente pelos comunistas em conluio com as elites globalistas donas dos laboratórios farmacêuticos como um teste verificável do grau de obediência cega dos estúpidos humanos do segundo grupo no mundo todo e pondo em prática o experimento de controle social total e absoluto sobre os destinos da humanidade cujo resultado foi altamente positivo para estes fascistas da modernidade que como todo bom genocida psicopata nem se importaram com o drama vivido pelas vítimas reais do vírus e pelos mais pobres negando a estes até a única medida preventiva conhecida para combater a contaminação que é a imunidade natural politizando a cura possível e governos chegando ao crime de esconderem remédios e ocultando ou negando através de uma imprensa igualmente assassina a eficácia de um único tratamento precoce experimental que hoje em 2023 foram considerados eficazes como uma última esperança para milhares sobreviverem ao vírus chinês e isso sem contar com o desastre dos efeitos econômicos de uma medida suicida de parar e fechar todas as atividades e trancar as populações em casa e foi a partir deste experimento nefasto e nunca vivido pela humanidade que já conhecia o genocídio dos comunistas contra o povo da Ucrânia e de outros povos nos países da chamada União Soviética somando mais de 100 milhões de almas e do genocídio da era Mao Tse Tung que matou mais de 60 milhões de chineses ou dos cambojanos comunistas contra cambojanos que matou mais de 2 milhões de pessoas ou dos Turcos contra o povo Armênio ou mesmo do genocídio dos nazistas contra os judeus e hoje os comunistas e globalistas são

os novos "Hitlers" da modernidade e fizeram pior aplicaram um indisfarçável genocídio em escala mundial

e agora já não era mais povos contra povos e nações contra nações é agora contra toda a humanidade e tudo arquitetado por mentes criminosas e psicopatas infiltradas na ONU/OMS com o beneplácito criminoso de políticos governantes e religiosos de todos os países e que agora que sabem o grau assombroso de obediência cega dos estúpidos humanos do segundo grupo e o quão frágil é a capacidade de indagar da espécie humana que certamente outros experimentos dessa natureza virão dos estúpidos humanos do primeiro grupo e o que dizer da imprensa tradicional que hoje serve propositadamente aos manipuladores da manada humana que os remunera muito bem para destilarem suas idiossincrasias sem contar o víeis voluntário e descaradamente comunista de seus propagadores militantes travestidos de jornalistas e que escondem entre outros assuntos a guerra interna entre quem comandará esse rebanho de acéfalos e já sabemos que será intensa e mais violenta do que todas as guerras já travadas pela humanidade e não é só os artistas e comunicadores que foram enredados nessa teia perigosa do pensamento único e alheio e o foram mais é claro e certo que por interesses financeiros e de mais poder e listamos também os políticos empresários comerciantes latifundiários banqueiros e até as elites bilionárias que foram todas fisgadas pelo pensamento único e alheio cada um com seus interesses pessoais que confluem para um só lugar e não estão visualizando a encrenca em que vão se meter apoiando um novo estado uma Nova Ordem Mundial que se formará fatalmente e que vai descambar no totalitarismo mundial regido pela cultura marxista como se fosse a coisa mais coerente do mundo e é confuso mesmo para estúpidos humanos do segundo grupo entenderem o que está em curso em velocidade supersônica mais quem disse que não é confuso está mentindo para você não ter que pesquisar e estudar o assunto e o melhor para os estúpidos humanos segundo os manipuladores é se deixar levar pelo pensamento unitário e alheio e a humanidade desprezando o livre pensar e o raciocínio que por séculos tentam enquadrar o pensamento humano e com um certo sucesso a partir da idade moderna corrompendo sua natureza que é livre para pensar e se não for você o sujeito que pensa é porque você é um reles teleguiado prisioneiro do pensamento único e alheio como querem os manipuladores modernos da cultura marxista que ganharam um espetacular reforço retórico dos psicopatas da

Escola de Frankfurt que desenvolveram uma tese chamada de Teoria Crítica para você enxergar tudo o que é negativo e de mal e exploratório em todas as coisas existentes

no mundo para incorporar ao discurso e ações revolucionárias e no debate o crítico acima de todas elas colocando uma falsa áurea como um semideus tornando-se um atrativo cativante para capturar as mentes dos mais jovens estúpidos revolucionário e tudo para a causa da seita e esta foi a saída para o impasse em que se meteu o movimento revolucionário marxista após a segunda guerra mundial e a queda do muro o movimento marxista passou a atacar em outros flancos da guerra cultural promovendo a cizânia de pobres contra ricos negros contra brancos filhos contra os pais homossexuais contra héteros comunistas contra o capitalismo como explícito na tese chamada "Dialética da Negação" também criada na Escola de Frankfurt que foi fundada e mantida por um milionário alemão e novamente aqui constatamos o capitalismo patrocinando um bando de sociólogos psicopatas marxistas com barriga cheia para ficarem pensando em como ferrar a humanidade para compensar suas taras e frustrações e que com a ascensão dos nazistas ao poder fugiram para a terra da liberdade aonde continuaram com toda liberdade a desenvolverem suas teorias sociológicas que atacavam justamente as liberdades oferecidas pela democracia americana que os acolheu e a nata da estupidez humana do primeiro grupo intelectualizada chegava enfim às melhores universidades do mundo sendo aclamadas e aplaudidas obviamente pelos colegas intelectuais tão estúpidos quanto e suas teses logo desembocaram no que hoje conhecemos pela alcunha do não menos estúpido "politicamente correto" fornecendo subsídios para uma evolução do pensamento unitário e alheio usando como anteparo a cultura marxista e este calhamaço não tem esta pretensão de apontar caminhos ou precisões aonde não existe a coisa precisa e um só caminho e se nossos pensamentos são livres de verdade podemos fazer qualquer caminho e precisar qualquer coisa sabendo que poderemos voltar a ter outros caminhos

e a única intenção aqui é de registrar estes retalhos da realidade geopolítica e me juntar aos descontes com a sufocante hegemonia da cultura marxista impregnada na maioria dos estúpidos humanos

para ser mais um a levantar o assunto para debates e discussões junto ao grande público e alardear aos quatro cantos do planeta o plano comuno-globalista de infiltração nas democracias com a única intenção de destruí-las e também de um genocídio global sutilmente anunciado e já em curso promovido pela poderosa aliança de comunistas com as elites bilionárias da Nova Ordem Mundial para a conquista e a consolidação do poder no mundo e não poderia deixar de estar presente a estupidez humana do segundo grupo que leva parte da culpa por deixar de algum modo que tantas atrocidades cometidas pelos estúpidos humanos do primeiro grupo acontecessem na história do planeta Terra e certamente não teriam acontecido na história da humanidade se a inteligência sobrepujasse a estupidez e o importante é não deixar que a certeza alheia domine por completo sua existência e que vocês ponham a dúvida em tudo que existe sem nunca deixar de ser verdadeiros e a maior prova da estupidez humana nos dias

de hoje é presenciar estupefato os arautos das liberdades como os artistas os intelectuais e os jornalistas baterem panelas querendo censurar calar e cancelar a direita conservadora

e batendo palmas á implantação do regime comunista ou da Nova Ordem Mundial irmãos vitelinos no totalitarismo e que vão mandar na sua vida mesmo que você diga com a maior estupidez altiva que quem manda nela são vocês e vão comer defecar dormir trabalhar divertir-se fazer sexo e ganhar umas patacas como resumo do cotidiano da imensa maioria dos humanos e com isso não deixarão nenhum espaço para pensar e refletir filosoficamente sobre sua porca existência e sem nunca perguntarem ao próprio espírito que zorra é que estamos fazendo nesta nossa miserável existência sem sentido aparente e não acreditem que pensar deixa o sujeito louco porque deixa mesmo e a liberdade de pensar por si é alcançar a plenitude da libertação do espírito dando algum sentido a existência mais qual o quê melhor é não pensar em nada como se pudéssemos desligar o disjuntor cerebral mais o melhor é deixar que outros pensem por vocês e deixem que os outros queimem seus próprios neurônios para sua demente e impossível tranquilidade e continue comendo defecando dormindo trabalhando divertindo-se fazendo sexo e ganhando suas patacas sem nem mesmo questionar o porquê de se entregarem a esta cômoda rotina degradante e desconhecem que o processo de descoberta das coisas e a captura intelectual dos fatos da realidade imediata sempre foi e sempre será um processo individual e nunca coletivo

porque se fosse demandaria uma sincronização descomunal entre os seres racionais impossível de acontecer simultaneamente

ensina o mestre Olavo de Carvalho e como nunca foi possível esta sincronização mesmo com a insistência de intelectuais marxistas querendo a suruba o coletivo mais a individualidade das descobertas é um fenômeno pessoal transbordado através de uma percepção única de questionamentos unicamente pessoais e intransferíveis e que evidentemente pode ser compartilhado e entendido por outros seres racionais que poderão pensar sobre o achado contestando ou acrescentando outras ideias e ao longo da existência humana essa capacidade que todos têm de pensar vem sendo tolhida pelos estúpidos humanos do primeiro grupo ou trocada por uma razão alheia e estranha a sua percepção e imposta e aceita comodamente sem resistência pelos estúpidos humanos do segundo grupo e tudo com o propósito de negar o direito à sua própria percepção das coisas e de modo que os seres racionais sejam induzidos ou se deixarem levar a uma condição de estupidez permanente e tudo para não ficarem de fora do grupo por incapacidade de *lutar ou preguiça mental para encarar discussões acabam cedendo da sua condição inerente de pensar por si*

entregando-se ao que o coletivo pensa confirmando a Teoria da Conformidade social e essa destruição do intelecto vem se agravando de tal modo que hoje há uma massa uniforme e gigantesca impregnada de conceitos e discursos alheios pasteurizados e são incapazes de impor a sua percepção da realidade vivendo em bolhas fora do mundo real e sabem do que mais eu não aponto caminhos e se querem saber não é para apontar nada apontem cada um de vocês seus caminhos porque este documento não é de auto ajuda ele é a catarse desgovernada de um louco enfurecido com a estupidez humana e a função aqui é provocativa a fim de chacoalharem seus neurônios preguiçosos e perguntem e não queiram respostas fáceis e imediatas porque tudo é complicado e a vida é breve para quem não pensa e é muito longa e angustiante para quem usa um pouco do cérebro e com certeza a maioria vai perguntar ou fazer muxoxos arguindo que eu só faço críticas como os doutrinados pela Dialética Negativa e eu respondo que é isso mesmo mais com uma diferença eu tento abrir um caminho na minha mente e demonstrar isso para todos e é o que me dá a certeza de que estou vivo mesmo concordando lá vai uma pontinha de crítica uma nesguinha de desconfiança dando sinais de que o cérebro está funcionando processando a informação e verificando todos os aspectos que envolvem a decodificação dos objetivos de uma mensagem e incluam também umas migalhas de certezas e assim embaralho tudo na mente e isso é proposital experimentem sintam-se vivos e não tentem esvaziar o cérebro porque vocês não vão conseguir parar nem desligar esta máquina que foi criada para não deixar você em paz e mesmo os que funcionam em marcha lenta ele não vai parar um só segundo e aos mais preguiçosos e comodistas ele é implacável na sua perturbação e caminhada e se sobrar alguma coisa que preste deste documento fiquem a vontade talvez inspire uma dissertação para o ENEM ou uma tese sociológica como por exemplo o que causa a estupidez nos humanos ou por que existem tantos estúpidos humanos no planeta e quais os estragos causados á humanidade mas eu acho que este livreto está fadado mesmo a ser imprestável nestes tempos do politicamente correto e eu só não quero ser reconhecido como mais um idiota útil na fila do guichê comprando certezas alheias e nem precisava comprar elas são impostas todos os dias pelos manipuladores midiáticos que ainda alimentam as narrativas para repercussão entre os vulneráveis cefálico que se negam a pensar por si e para esses não haverá outra escolha a não ser entregarem-se mansamente aos carrascos do "Ministério da Verdade" e pagarão um preço e se querem saber nem mesmos os estúpidos humanos sabem o preço que pagarão e nem nunca saberão se foi baixo ou muito alto e tudo porque não querem pensar por conta própria e a transferir para os outros sua capacidade de compreensão da realidade e o pior é delegar através do voto que pilantras tomem conta das Leis e do cofre e neste quesito os estúpidos humanos em particular o brasileiro sabem escolher os piores canalhas os piores bichos escrotos que mancharam a sublime arte da política desenvolvida e aperfeiçoada pelos gregos e romanos vilipendiada desde então por todas as nações que a sucederam e no Brasil presidencialista temos uma Constituição tão mal feita que a tal harmonia entre os três poderes não existe na prática porque na Carta o executivo é o que tem menos poderes constitucionais entre os três ficando refém dos outros dois só governando subjugado e submetido à vontade do legislativo e do judiciário que subjuga os outros dois desequilibrando a balança democrática e o Brasil só se livra desta armadilha reformando a Carta e equilibrando os poderes do contrário será a continuidade da ação das quadrilhas disfarçadas de partido político no ciclo virtuoso da corrupção onde corruptos escolhem e nomeiam juízes que julgarão os corruptos que por sua vez legalizarão as eleições destes corruptos assim como fizeram os comunistas com os membros da atual Suprema Corte brasileira em um festival indecente de troca de favores nada republicanos como gostam comunistas e capitalistas que fica muito difícil negar que não existam elementos humanos na face da terra mais asquerosos perniciosos nojentos calhordas vagabundos salafrários e pusilânimes do que o político corrupto claro que nesta e em outras categorias tem corruptos e obvio que também existam as raríssimas exceções e não vou tratar aqui dessas exceções meu foco está nos pulhas farsantes que utilizam a política para proveito próprio ou para propósitos de imposição da ideologia marxista que vem a dar no mesmo é tudo impositivo é violento e que associados aos globalistas formam hoje a casta mais poderosa e nefasta do planeta e ambas abraçam a corrupção por suas finalidades distintas alguns para encher os bolsos outros para financiar suas seitas e todos eles contribuindo para a débâcle das funções primordiais do parlamento de discutir ideias e a derrocada dos bons propósitos republicanos e que só a verdadeira política pode trazer para a coletividade e as democracias e que são usadas e abusadas por esses psicopatas comunistas e se a humanidade espera que a política e os políticos venham salvá-la sele o cavalo e fujam para as montanhas porque não haverá como escapar do estabelecido hoje instalado e aqui voltamos novamente para os estúpidos humanos do segundo grupo que elegem esta corja de bandidos mas se ao menos não houvessem tanta gente estúpida e incapaz de perceber e diferenciar um farsante de uma pessoa pública voltada para os interesses da população e que seja sincero nas proposituras teríamos alguma esperança mas os critérios de escolha e observação são os mais esdrúxulos possíveis para ser complacente com a espécie humana e ocorre que não é assim que a banda toca e impera a idiotia e impera a estupidez dos eleitores que além das péssimas escolhas orgulham-se do feito e sem nenhuma modéstia chegam ao cúmulo de afirmar que votam nos corruptos com a justificativa de que todos são mesmo corruptos e safados mas ora se são e tem gente que ainda vota nos corruptos safados podemos concluir sem nenhuma ofensa que esses eleitores são os estúpidos humanos safados de que trata este relato e os idiotas úteis que são aqueles eleitores que votam ideologicamente mesmo sabendo que também seus representantes são corruptos e que vão tirar sua liberdade esses são duplamente estúpidos e se forem cúmplice esbarra-se na canalhice e por fim pensem ao menos uma vez com total sinceridade qual a chance de termos um

mundo melhor com essa humanidade estúpida manipulável fazendo

e vamos continuar nesse impasse angustiante e quem dera se fôssemos todos estúpidos e alienados da política e tudo mais nós sofreríamos menos porém o diabo do verme do livre pensar insiste em aparecer para alguns e que eles acabam sufocados pela estupidez humana da maioria mais este cara que escreve isto também é um estúpido e digo que é e pode até ser em algumas situações confesso mas este cara luta desesperadamente para se livrar da estupidez e da hipocrisia que nestes tempos ganham um selo de outra versão e de ser o que não sou e quem dera se todos tentassem isso também formulando critérios mais racionais para suas escolhas políticas e de olho aberto para a realidade que em suma são fundamentais para as escolhas políticas e não falo daqueles critérios envoltos em questiúnculas partidárias ou decepções por interesses pessoais não atendidos que motivam a maioria dos eleitores que de alguma forma negociam seu voto e finalmente estabeleçais apenas dois critérios um de não votar

em políticos sabidamente corruptos porque eles vão te roubar mesmo e o outro é o de não votar em políticos comunistas ou de viés socialista como os progressistas e liberais wokes

porque eles vão te tirar a preciosa liberdade de ir e vir e de pensar incluindo sua propriedade e a tutela de seus filhos entre outras barbaridades e também esmigalhar seus valores morais e sua religião e como e porque não sou masoquista e tento não ser mais um estúpido adoto estes dois critérios na hora da escolha do voto e pelo menos ainda temos estas duas possibilidades que a capenga democracia brasileira nos oferece mas já as nações subjugadas por regimes totalitários nem isso é oferecido aos cidadãos porque nem eleições têm por lá e políticos jornalistas artistas de todas as nações trabalhando hoje para eleger globalistas e comunistas tratando-se de uma aliança política de dominação pelo mundo e em curso no Brasil este trabalho alcançou pleno sucesso quando dos 33 partidos políticos existentes no Brasil todos são de esquerda ou com viés no socialismo não tendo nenhum conservador e os estúpidos brasileiros ainda discutem em quem votar pois não precisava porque todos eles pertencem ao mesmo espectro ideológico ou panelinha de corruptos e era obvio que fizessem tudo que o dinheiro mandasse assim como os ideológicos já haviam dito a 100 anos atrás "revolução não se faz sem dinheiro" e para não ser injusto ou simplesmente omitir que entre os estúpidos humanos do segundo grupo existam pessoas boas sérias trabalhadoras cumpridoras dos seus deveres que cuidam de suas famílias e que querem viver em liberdade mais infelizmente não sabem escolher ou escolhem mal e repetidamente os mesmos políticos pilantras conhecidos mais não os culpo totalmente porque no Brasil a única opção é votar nos candidatos dos 33 partidos da esquerda todos satélites do Grupo de Puebla e aí tanto faz Chico como Francisco você já se deu mal de qualquer jeito e os estúpidos humanos que

vivem nas democracias desconhecem ou desprezam o melhor das democracias que é a possibilidade da alternância do poder

e é este instrumento maravilhoso que garante a você o poder de tirar o pilantra em quem você votou simplesmente não repetindo o mesmo erro porém tem estúpidos humanos que não tem jeito e a lista é imensa começando pela inteligência brasileira e mundial hoje abraçadas com a mediocridade na produção cultural e na repressão do regime comunista e que há muito não produzem nada de interessante a não ser os chavões e palavras de ordem de sempre e a contar loas & boas dos globalistas e comunistas seus patrões e a desqualificar e maldizer dos conservadores e a lista segue com os lobotomizados pela seita comunista que votam por ideologia e a série termina com os idiotas úteis que votam por pesquisas ou por influencia de algum desses especialista de balcão que a imprensa descola para fazer propaganda do seu candidato ou ainda por influencia de algum artista ou celebridade

e são essas pessoas boas que acabam contribuindo sem saber para a derrocada das democracias e também porque não aprendem que votar em comunistas ou progressistas é cavar sua própria sepultura

e falando em corrupção tivemos governos de esquerda eleitos por estúpidos humanos que usam a democracia brasileira e sua Constituição como pano de chão acumulando tanto poder nos comandos chaves da república seja ele no legislativo judiciário e executivo que para as quadrilhas comunistas comandada pela mais perigosa carinhosamente chamada no mundo do crime de 'petralha" pegar nas chaves do cofre foi a maior moleza e ato continuo partiram para o saque final e esvaziar o cofre sempre com a velha desculpa de que era para bons propósitos mais que o objetivo final era o projeto de perpetuação no poder e roubar muito dinheiro e são por estes pequenos detalhes que o casamento entre comunistas e globalistas vem dando tão certo e que os filhos deste casamento além de muita merda ideológica que ficará grudada no planeta certamente mudará o mundo econômico que não será mais o mesmo dos tempos atuais e uma dinheirama monumental será gasta pela tríade formada pelos países democráticos dominados pelas elites bilionárias da Nova Ordem Mundial todos do Clube de Bilderberg que querem implantar um governo totalitário mundial e mais os países socialistas formados pela aliança entre China e Rússia que querem a mesma coisa dominar o planeta e um terceiro formado pelo bloco dos países maometanos enriquecidos pela exploração do petróleo que querem a mesma coisa e somente hoje esta tríade abastada é que fornece capital com volumosas contribuições aos corações revolucionários e grupos extremistas pelo mundo e infelizmente a humanidade estupidificada deixa-se levar abrindo mão cada vez mais do seu maior legado que é a liberdade em troca de uma escravização disfarçada de

democracia permitindo as entupidas Leis restritivas invertendo seu conceito mais com elegância e sofisticação e sempre com o jargão surrado de apelo humanitário irrecusável de que as restrição às liberdade individuais são "para o bem de todos" uma frase muleta bem pensada para que todos os estúpidos humanos do segundo grupo concordem sem perceber a armadilha de que o "bem" e "todos" não se referiram a eles e será uma democracia com pouco pão muito circo e entretenimento programado para a distração da vida infeliz e angustiante que as pessoas terão neste "mundo melhor" tão prometido mais sem a liberdade que um dia ouviram falar que existiu ou que ficou na memória genética reprimida e causadora da angústia que acompanhará os estúpidos humanos sem liberdade num futuro bem próximo e adicionando a isso tudo um elemento da cartilha revolucionária que é a banalização do sexo explorado ao máximo pelas mídias e infelizmente quebrando sua volúpia natural que será livre até que venha a ser proibida por uma destas Leis progressistas "para o bem de todos" e de tudo que existe neste mundo e não pouparão nem mesmo as crianças vítimas inocentes de psicopatas comunistas que querem sem nenhum pudor ou misericórdia a descriminalização da pedofilia com um argumento falacioso de uma patologia que não consta no código mundial de doenças e por sinal não tem uma comprovação científica reconhecida continuando a pedofilia na esfera psíquica como um distúrbio da personalidade com risco de cometimento de crimes evidenciando porque a pedofilia é crime hediondo e é a psicopatia marxista agora atacando em todos os setores da sociedade usando a velha propaganda e a manipulação da mídia comprada/vendida e poucos percebem ou perguntam para quem trabalham estes agentes da maldade e quais são seus objetivos mais uma grande maioria de estúpidos humanos do segundo grupo e de perceber o rumo que as democracias ocidentais estão tomando em direção ao totalitarismo estraçalhando preceitos constitucionais centenários de direitos humanos e de liberdade de expressão e outras liberdades individuais e são os globalistas e comunistas patrocinando conflitos internos nas nações para alcançar o poder por dentro delas sem precisar invadir ou soltar bombas e o mais grave dessa história é a perseguição a quem exige o direito à liberdade de expressão e isso está acontecendo agora no mundo todo em pleno 2021 e no Brasil em 2022\23 com prisões ilegais de deputado jornalistas e blogueiros alinhados com os ideais conservadores e de milhares de manifestantes cujo crime atribuído não consta do ordenamento jurídico do país e através da tecnologia já experimentamos uma governança mundial perfeitamente verificável a contar dos últimos acontecimentos primeiro de uma pandemia fraudulenta fabricada em 2019 pelos comunistas e globalistas como experimento para saber até aonde poderiam controlar mundialmente os estúpidos humanos e segundo pela censura escancarada ao debate público e honesto sobre a "fraudemia" e também para calar as vozes contrária à cartilha marxista e globalista nos meios de comunicação e a internet principalmente mirando nos conservadores e além destes meios de persuasão tem o terceiro bem mais cruel que é o de chantagens econômicas que é o nome certo para o chavão "restrições financeiras" com ameaças abertas de boicotes pasmem vocês vindo do Fórum Econômico Mundial e todas estas ações para variar são bancadas com o capital e ordens das elites bilionárias que controlam os ideólogos psicopatas socialistas os políticos os governos os papagaios da comunicação os generais melancias sem batalhas e uma maioria de estúpidos humanos do segundo grupo aceitando ir para o matadouro da comunização com a maior naturalidade como se fossem passear no shopping pegar um filme ou jantar fora

e não presenciamos uma discussão ou um misero grande debate sobre o tema liberdades democráticas versus regimes totalitários na grande imprensa e nas universidades nos últimos 30 anos que servisse de contraponto à massificação da cultura marxista

e estou bastante pessimista quanto a uma recuperação das sociedades ocidentais impregnadas que estão nos costumes desta nefasta cultura e nem mesmo a maior religião do planeta não conseguiu e nem consegue fazer nada estando contaminada que está da cultura marxista introduzida lentamente por anos através da excomungada Teologia da Libertação que mal esconde sua preferência política nem a Santa Madre Igreja escapou de ser tomada de assalto e golpeada por sacerdotes comunistas e pela doutrina marxista com a teologia da libertação que é um plano de infiltração marxista gestado pela KGB nos anos 30 para atrair membros da igreja católica e os fiéis para trocarem a cartilha de Deus pela cartilha da seita do chifrudo e para os católicos nenhuma escapatória uma vez capturado pensa que estará a salvo mas nada os salvará do totalitarismo impregnado nas mentes e corações dos estúpidos humanos do primeiro grupo que inclui até um Papa fantoche aonde podemos comprovar pelos inusitados fatos históricos ocorridos no Vaticano de que a infiltração da cultura marxista na igreja católica foi um sucesso e sempre foi uma prioridade para os comunistas na luta para implantação do nefasto e doentio regime no mundo e que tinha pela frente o catolicismo tão poderoso que só poderia ser destruído de dentro para fora assim como as democracias e para controlar a Igreja Católica não foi diferente criou-se um plano tão ousado quanto inverossímil mas que foi bem sucedidos ao infiltrarem-se para subverter o comando da Igreja Católica e

tal foi a magnitude dos objetivos alcançados que pela primeira vez em 2 mil anos cardeais destronaram um Papa sem que este estivesse falecido

e alegaram para o ato criminoso que o legítimo Pontífice portava uma não especificada doença tudo muito esquisito quando todo mundo sabe que um Papa só deixa o trono de São Pedro com sua morte e mesmo estando moribundo um Papa continuava Papa e era respeitado como o chefe da Igreja e o cardinalato até então esperava o último suspiro do Pontífice para começarem as exéquias e o processo de substituí-lo e esta história mal contada foi uma manobra urdida entre os cardeais majoritariamente jesuítas e amantes da Teologia da Libertação que como parte da participação da Igreja no plano globalista deram um golpe de estado contra um Papa conservador e aprisionaram Bento XVI atrás dos muros de um palácio dentro do Vaticano de onde até mesmo a cesta de lixo da sua cela-alcova era revistada para que nada dela escape-se para fora da masmorra sacerdotal revelando a verdadeira história do golpe aplicado pelos cardeais teólogos da libertação e que acabaram colocando um cardeal comunista no comando do cristianismo e que não passa segundo a condenação de uma Bula Papal de um excomungado que de nada servirá para alertar o rebanho e a humanidade do perigo de todos serem arrastados para um caminho totalitário e assim sem maiores explicações e questionamentos dos fiéis e da imprensa os comunistas tomaram as rédeas da Igreja Católica e foi um plano que deixou muitas dúvidas e furos que ficaram sem respostas mas deixaram rastros como todo crime e este pode ser mais um grito de advertência sobre as liberdades religiosas que correm tanto perigo agora em pleno 2023 e logo que se tornou um usurpador do trono de São Pedro o Cardeal Bergoglio

protagonizou uma cena desumana e herética ao não autorizar a visita das esposas de deputados presos políticos da ditadura comunista venezuelana e ato contínuo recebeu Maduro o ditador fascista

e com isto Bergoglio demonstrou publicamente que prefere receber os comunistas algozes facínoras do que suas vítimas em uma atitude nada cristã para um sacerdote e nada humana provando que não tem um mínimo de piedade e compaixão com o sofrimento de seres humanos como nos regimes comunista e o único pecado destas senhoras foram ousar pensar ao contrários da verdadeira seita do Cardeal que é o comunismo e um outro episódio que chocou a cristandade em todo o mundo foi o ensurdecedor silêncio do Cardeal Bergoglio quando seu país legalizou o assassinato de inocentes incapazes no ventre materno e não houve nenhuma daquelas notas públicas patéticas só silêncio nos vastos corredores frios do Vaticano tornando-os mais frios ainda evidenciando sua aprovação a barbárie e tudo isso se aproximando rapidamente dos estúpidos humanos através de ações aparentemente isoladas mais que *fazem parte do plano de governança mundial como a participação de políticos de governantes da imprensa das artes o entretenimento a Igreja Católica e das redes sociais*

que vieram facilitando a patrulha e a coleta de dados pessoais de bilhões de estúpidos humanos aonde todos vigiam todos completando o serviço imundo de vigilância das pessoas e de censurar adversários e calar inimigos e o conservadorismo definha assombrosamente com pouca reação porque acuado de forma violenta e massacrado por todos os lados e por aqueles que hoje dominam o pensamento a cultura a comunicação e a economia que sem esconder de ninguém pôs em prática o plano de exterminar o conservadorismo e até mesmo fuzilar os conservadores como disse um professor ativista político e adestrador de jovens idiotas uteis em uma palestra que pode ser facilmente vista pela internet copiando o endereço da página (https://www.youtube.com/watch?v=wuTT7-OgStM) e é assim que os comunistas pensam e fazem utilizando uma mesma tática de desumanização nazista contra os conservadores

via mídias e academias replicando a narrativa para justificar toda e qualquer barbaridade para calar ou eliminar dissidentes

e o judiciário ativista entra para endossar a quebra do estado de direito fechando os olhos para a perseguição aos conservadores e o objetivo é cristalino na cara os comunistas os globalistas e progressistas as universidades toda imprensa e políticos querem pulverizar tudo que trouxe a humanidade até aqui com um genocídio cultural nunca visto na história aonde ensinam-se nas universidades que somente o conservadorismo tem que acabar e todo pensamento conservador deve ser eliminado com o argumento mentiroso de que o conservadorismo é fascista esquecendo-se propositadamente os detratores que chegamos até onde estamos graças a luta milenar e eterna pelas liberdades individuais como o direito de ir e vir e da liberdade de empreender do livre arbítrio que o conservadorismo em sua essência garantiu aos humanos na espada ou constitucionalmente fomentando desenvolvimento social e econômico por séculos e preservando os clássicos para ampliar a inteligência e a perspicácia valorizando a sapiência e a meritocracia e o livre pensar em contraponto as doutrinações ideológicas totalitárias que se espalharam rapidamente nos últimos séculos capturando e aprisionando as mentes para estupidificá-las e fechando o cerco ao conservadorismo temos as redes sociais que vieram inicialmente com um discurso que incentivava a liberdade de expressão mais que depois começou a censurar vozes específicas demonstrando que veio para massificar a cultura marxista e conquistar adeptos incautos porque vozes comunistas não sofrem qualquer censura nas quatro maiores "bigs techs" e outra finalidade camuflada foi a monumental captura e armazenamento de bilhões de dados e informações pessoais dos estúpidos humanos para variadas aplicações e com isso os moleques sabem de tudo que os estúpidos humanos pensam e se pensa ou até do que gosta de se alimentar e posições políticas e assim mapear e tentar enquadrar o pensamento com suas políticas totalitárias de impor comportamentos e atitudes ditados pelos "termos de uso" e do politicamente correto que nada mais são do que censuras descaradas contra o livre pensamento de uma matriz conservadora e fazem isso abertamente sem esconderem que praticam censura e o cerceamento às liberdades individuais e de expressão e sem escrúpulo algum guilhotinam-se tudo o mais que você tinha do direito de livre pensar inclusive desprezando e violando

constituições democráticas sob o falacioso argumento de que as redes sociais são instituições privadas e que têm regras próprias para os usuários obrigando-os a serem o que não são na marra e na imposição

e só vamos ter compreensão quando entendermos que a maioria da humanidade é mesmo estúpida isso é fato e não escolhe posição social e ela vai aos poucos entrando neste discurso nesta camisa de força e a maioria acaba se rendendo ao tal coletivo para seguir a manada como na Teoria da Conformidade Social tudo para não ficarem de fora da febre de se sentirem pertencente a um agrupamento de estúpidos humanos qualquer e mansamente fazem o que lhes é imposto porque a ditadura do politicamente correto os obrigam a serem como eles querem que vocês sejam e adeus dialética o que para todos os comunistas a dialética é você concordar com os argumentos dele custe o que custar nem que para isto tenha que apelar para a Teoria Crítica última saída de todo doutrinado na seita e prestem atenção porque este é o truque quando tudo que um conservador argumentar e provar será sempre contestado e desqualificado mesmo que sejam plausíveis e se não for assim perfeitamente enquadrados os rebeldes são sumariamente bloqueados ou expulsos e estas

e gastando suas energias ali mesmo em casa pensando que com isso já fizeram a sua parte na luta pela liberdade e isto consola os estúpidos humanos do segundo grupo pensando que podem fazer uma revolução sem irem às ruas sem confronto para derrubarem as muralhas e os castelos e estas redes sociais não por coincidência são comandados por jovens impregnados da ideologia marxista e ou progressistas no que dá no mesmo e atuam como linha auxiliar do pensamento unitário e alheio mal sabendo que a liberdade está no conservadorismo que trouxe a humanidade até aqui e esta será destruída pela uniformização do pensamento marxista via imposição do politicamente correto ou você se enquadra ou caia fora do mundo virtual e por tabela do real e também

e ter bons propósitos e se cair no infortúnio de demonstrar que odeia determinada coisa como o comunismo por exemplo você é banido ou proibido de manifestar seu ódio por aquela ideologia nefasta mas o mesmo rigor não ocorre com grupos de minorias organizadas e sob as asas de algum partido 'esquerdopata" que dizem o que querem nas redes sociais e nada lhes ocorrem quando publicam com sangue nos olhos manifestações de ódio pelos conservadores ou pessoas inteligentes que pensam diferente a turba louca cai em cima demonizando cancelando e assim vivemos a era da inversão da realidade que não deixa de ser um apêndice do projeto de poder dos comunistas que inclui censurar vozes dissonantes e espalhar propaganda com pessoas com cara de ódio gritando enfurecido "você me deve vinte centavos" ou "quero reparação" e não é coincidência coisa nenhuma isso é um método de ação planejado e desta feita juntou-se alguns bilionários desocupados com um punhado de estúpidos humanos comunistas dos dois grupos e compraram a imprensa tradicional e estão prontas as bases de um golpe de estado moderno sem militares sem canhões sem tiros na multidão e

hoje a opressão comunista possui certos requintes e sutilezas logo agora então que frequentam os gabinetes de banqueiros e

salões da alta roda e o estarrecedor é quando se juntam os filhos das elites endinheiradas com a classe média e classes abaixo disso para destruírem patrimônio público e privado e agredindo fisicamente pessoas e ameaçando instituições que não comungam com o pensamento progressista marxista como fizeram no Brasil os "Black Blocks" e nos Estados Unidos os "Antifas" ambos financiados pelos globalistas da Open Society e ainda me vem uma imprensa sórdida publicar que os marginais intolerantes são manifestantes pró-democracia mais só se for para destruir as democracias e como que um grupo de jovens clamam por democracia se não toleram o outro espancando quem pensa diferente e que espécie de democracia é essa que encanta tantos jovens imbecis e nós queremos saber o por que de tanta manipulação da informação e inversão de narrativas e assim constatamos que o mundo está mesmo cada vez mais intolerante e o fator que une estas pessoas de várias classes sociais é a psicopatia porque elas não possuem o sentimento da misericórdia piedade e compaixão pelo outro e muito menos respeito ao pensamento alheio e

em países democrático a ponto de ter tanta liberdade que podem derrubar a própria democracia e existe uma guerra nem tão secreta e também não declarada entre forças globalistas alinhadas com comunistas contra as democracias do ocidente e último obstáculo para a criação da governança mundial e ligue os pontos soltos hoje de cada atividade humana e verão que todas elas convergem para o mesmo sentido e isso não pode ser coincidência coisa nenhuma e com isto os pilares da civilização judaico-cristã nas democracias são corroídos um a um país a país pelos patrocinadores do globalismo com a colaboração do comunismo que é a única ideologia que mais se espalhou pelo mundo e conquistou outros tantos milhares de fanáticos seguidores em todos os continentes criando seu próprio exercito mundial de estúpidos humanos que mesmo sem um comando central atua com milhares de comandantes espalhados sem uniforme com vocação fascista e descomunal obediência canina aos chefes globalistas seus patrões e vejam

que nas democracias ninguém vigia seus pilares nem tem comissários em cada esquina vigiando os vizinhos

e estes pilares podem corroer-se facilmente e isso significa que a liberdade no mundo democrático corre mais risco ainda com esta associação entre psicopatas genocidas ambos querendo aniquilar a soberania das democracias a qualquer custo para implantação do paraíso da utopia socialista ou uma tal

105

governança mundial e que ninguém sabe como vai funcionar toda essa anarquia global que ficará no lugar das democracias e dos conceitos e valores que trouxeram a humanidade até aqui com total liberdade para sermos o que quisermos e encontrarmos nosso lugar no mundo sem sofrer uma perseguição fascista de uma minoria revolucionária histérica e barulhenta que consegue hoje através de ataques psicológicos midiático dominar uma maioria conservadora que por ser maioria acredita que não precisam sair gritando no mesmo tom e histeria para defender seus direitos e valores cedendo espaço demasiado na guerra cultural deixando-se sufocar com quem grita mais alto e com o apoio e simpatia dos comunistas da imprensa o grito tem eco também em demasia resultando na amplificação de uma só voz esfacelando o contraditório e o que resta de liberdade e humanismo que nos trouxe até aqui e completando a estupidez humana sociólogos marxistas impregnados do pensamento crítico da Escola de Frankfurt com sua Teoria Crítica que se coloca acima de tudo e de todos utilizando os estúpidos humanos para por em prática sua "Dialética Negativa" e que agora posam orgulhosamente de novos ditadores nas sociedades contemporâneas aonde a sociologia é que está no

comando superior das ciências e do conhecimento humano e que sabe mais do que médicos engenheiros ou advogados

ditando regras sem nenhum respaldo científico ou acadêmico e só obedecendo cegamente a sua ideologia marxista atrelada à agenda 2030 da ONU e tome-lhe reengenharia social doenças sociais leis sociais chegando ao absurdo de formularem e imporem a tese sob todos os aspectos vagabunda chamada de ideologia de gênero com afirmações canhestras de que a maternidade e os dois gêneros existentes são uma construção social "imposta por uma sociedade branca machista imperialista blá blá blá" e o mais trágico disso tudo são os governos e políticos e a justiça obrigarem as populações a engolirem esta merda aprovando leis e currículos escolares para difundir esta porcaria da ideologia de gênero contrariando até a natureza humana e a ciência e para esses psicopatas pouco importa se a tese tem ou não fundamento científico e o que importa é a destruição da sociedade judaico-cristã suas descobertas científicas e seus valores morais conquistados por longas batalhas contra o obscurantismo e a ignorância primitivista e inculta e esqueçam todas as profissões e ciências porque daqui pra frente só existirão sociólogos e serão

"sociólogos" médicos mais "sociólogos" engenheiros aqueles "sociólogos" matemáticos e os "sociólogos" economistas mais os "sociólogos" dentistas e os "sociólogos" farmacêuticos e tem os "sociólogos" advogados mais os "sociólogos" biólogos e "sociólogos" químicos e finalmente "sociólogos" sociólogos

os sociólogos atropelaram até a psiquiatria e cancelaram a esquizofrenia dos códigos de doenças que todos nós sabemos que é um distúrbio mental que coloca a pessoa em conflito pessoal de querer ser o que não é ou que a biologia não lhe concedeu vivendo neste eterno conflito angustiante diga-se aflitivo de ser duas pessoas no corpo de uma e o pior é que podem mudar de sexo e podem tirar novos nomes sociais que não conseguirão apagar o DNA da sua origem que infelizmente é contrária ao seu mundo esquizoide e vejam o filme "O inquilino" de Roman Polanski retrata a agonia e o desespero de uma pessoa esquizofrênica que quer porque quer ser o que a natureza não lhe deu e vai até o extremo de tentar o suicídio atirando-se duas vezes seguidas do apartamento em que morava sem sucesso encerrando o filme insinuando que o tal inquilino tentaria uma terceira vez e para completar a degradação algumas diretrizes de ensino misturam preferências sexuais com "ciência" e na formação as universidades aceitam teses para mestrado e doutorado de temas como "exploração anal" e não demora muito isso vira matéria obrigatória e a possibilidade de introduzir no bom sentido uma matéria por exemplo de "explorando o esfíncter" I II e III obrigatória para todos os cursos e só lembrando que a exposição sexual sem limites gratuita sem objetivos sempre foi uma das bandeiras da esquerda e nas mãos de aliadas minorias histéricas virou uma poderosa ferramenta modernas de desconstrução do macho alfa para a construção do novo "homem" da utopia woke socialista e aprovada a contragosto pelos adestrados marxistas mais velhos e vale tudo para escandalizar inutilmente os conservadores evidentemente que houve por séculos uma capa de preconceito entre membros das sociedades mais antigas contra os homossexuais e que se eles não fossem de certo modo aceitos ou toleráveis eles não sobreviveriam ao que hoje alguns histéricos chamam de perseguição homofóbica sistêmica homicida para dar a dramaticidade de que há um extermínio premeditado de homossexuais desde os primórdios da humanidade e essa capa de preconceito era pra fora das famílias e da sociedade que sempre tiveram entre os seus alguns homossexuais e as sociedades ao mesmo tempo ajustavam uma forma de convivência respeitosa entre eles justamente porque destacavam-se entre as melhores mentes e ocupavam vários setores importantes das sociedades e estas sociedade nunca tiveram a ideia de exterminá-los e também é certo que algumas sociedades condenaram e outras permaneceram condenando a homossexualidade como a comunista cubana e a muçulmana que tanto lá como no resto do mundo sempre foram minorias enquanto que a grande maioria das sociedades convivia e trabalhava em harmonia com homossexuais por séculos e ainda arisco a dizer que se fossem o que dizem os comunistas e progressistas dos conservadores não existiriam mais no passado e no presente tantos governantes artistas intelectuais ou outros profissionais talentosos todos homossexuais todos eles competentes que contribuíram e que ainda contribuem para tornar nossa vida muito melhor e estes homossexuais já estariam todos eliminados desta vida segundo as narrativas do ativismo comunista e seus legados também não chegariam a beneficiar ninguém no passado e no futuro mais a verdade é que não foram dizimados como reza a lenda e viveram e vivem fazendo deste mundo um lugar melhor para se viver até que chegaram os comunistas e negaram que somos todos seres humanos e quem nos separa para dominar são os comunista e essa é mais uma narrativa da propaganda comunista que grudou nos estúpidos humanos do segundo grupo que sabe que escaramuças brigas desavenças e atos violentos acontecem com todo mundo pouco ou nada importando com suas preferências sexuais que aliás acontecem muitos mais casos de violência fora do espectro da sexualidade particularmente a homossexual do que outros crimes sexuais e estas sementes da cizânia entre as pessoas foram plantadas pelos propagadores da seita comunista e está lá no caderninho de tarefas dos idiotas uteis que cumprem sua missão espalhando narrativas de perseguições sanguinárias aos homossexuais porém não foi encontrado nenhuma evidência da existência de uma noite de São Bartolomeu contra homossexuais na história da humanidade menos nos países muçulmanos aonde os homossexuais são perseguidos e jogados dos edifícios e a história prova que nos regimes comunistas e fascistas os homossexuais foram mais perseguidos e hostilizados do que em governos democráticos e nas sociedades conservadoras sempre lembrando do porco carniceiro Che Guevara que tinha prazer em executar homossexuais em Cuba e na mesma Cuba contemporânea a parada gay é reprimida com o perdão do trocadilho na base do cassetete e voltando a sociologia que hoje tem este papel e

tanto poder que até conseguiram eliminar do catálogo de doenças mentais a esquizofrenia reclassificando-a

como "distúrbio social trans" ou qualquer coisa parecida e do código civil tentam eliminar práticas nefastas como roubo e pedofilia sob o argumento de que todos eles são tão somente vítimas desta "sociedade branca machista racista judaico-cristã blá blá blá" e a massa de estúpidos humanos achando que estes sociólogos psicopatas marxistas estão cobertos de razão e a parte cômica fica à cargo dos "sociólogos" economistas que são formados nas universidades mundo a fora aonde 99% deles são "esquerdopatas" e vão na contramão da profissão porque não existe economia no socialismo que faça gerar excedentes e se não existe excedente nada se acumula para subsistência ou comercialização resultando em fome e estagnação econômica no estado socialista que controla a produção e a distribuição das mercadorias e se esses gênios sociólogos economistas marxistas fossem trabalhar na China seriam fuzilados na hora porque os comunistas chineses depois da revolução cultural de Mao Tse Tung perceberam como os russos também que não poderiam abrir mão de meios e ações capitalistas que forneceriam os recursos para controlar o país ou fatalmente perderiam o poder para um povo já sem paciência e sem pão morrendo de fome e então era obvio que seria necessário manter alguma forma de capitalismo no estado comunista como fizeram na finada União Soviética onde o estado foi o patrão ditando sem contestação o valor da mão de obra e os salários e notem que a China copiou tudo dos soviéticos indo

além abolindo o sindicatos de trabalhadores que é o sonho de consumo de todo metacapitalista

e no resto do mundo livre os trabalhadores sindicalizados aclamam apoiam e querem o comunismo num ataque de burrice sem tamanho que desejam o comunismo para destruí-los mais agora me digam são ou não são estúpidos humanos apaixonados pelo estado fascista que é o grande capitalista investidor e o principal beneficiário dos lucros assim como na Rússia Stalinista quando passada a euforia bolchevique as finanças voltaram para as mãos do velho e enxovalhado capitalismo que não foi abolido de uma vez como sonham os jovens idiotas úteis da PUCUSP em suas fantasias do "abaixo o capitalismo" e não há dúvida alguma sobre a produção de excedentes na URSS que foi mantido para sustentar a máquina estatal seus altos dirigentes e o aparelho repressivo da mesma forma que foi adotada na China por Deng Xiaoping sendo que na União Soviética durou 70 anos e o resultado todos sabem da falência do regime e a bola da vez é a China aonde o regime já dura mais de 60 anos e se não fosse uma política de exploração da mão de obra e na quebra ilegal de patentes e de exportação dos excedentes e do hiper financiamento americano já teria falido também mas a

em uma trapaça mundial sem precedentes que deram fôlego e fizeram a economia chinesa crescer assustadoramente e o silêncio e a inação das nações democráticas no ocorrido hoje pagam seu alto preço pela omissão e inação que acabaram por manter o regime comunista em pé e financiar o plano expansionista e podemos até dizer plano imperialista chinês e a estupidez humana dos dois grupos achando natural manter relações comerciais com ditadura comprando as imitações e as porcarias fabricadas ao custo de uma mão de obra escravizada sem sindicatos sem concorrência com os países de sistema capitalistas e regimes democráticos aonde os trabalhadores têm liberdade de se reunir em sindicatos e reivindicar melhorias sobre o valor da mão de obra o que acaba elevando os custos das mercadorias manufaturadas ao contrário da China usando um artifício desumano põem no mercado mundial as mesmas mercadorias com valores bem menores e deste modo as economias capitalistas em países democráticos definham e o regime comunista com capitalismo de estado sem sindicatos de trabalhadores se expande e esse é o sucesso da China porque eles entenderam Marx e a "mais valia" e são invejado pelos grandes metacapitalistas do mundo todo que namoram e sonham com esta forma de governo sem sindicatos de trabalhadores que atrapalham a implantação de uma governança mundial globalista e isso também explica a

sob as orientações da ONU e diretrizes do Fórum Econômico Mundial remunerados pelos bilionários globalistas com a finalidade única de corroer as democracias e religiões envenenando-as de dentro para fora e pagando os comunistas para atingirem seus fins pensando que lá na frente os vermelhos ficarão satisfeitos e não passarão a perna nos globalistas e vamos ver como ficará a parada e assim como estas mesmas elites bilionárias globalistas fizeram da China uma potência econômica e por consequência dando-lhe mais poderes políticos e fortalecendo mais ainda um regime totalitário comunista para que ele se expanda pelo mundo e contaminem outras democracias pavimentando o caminho da governança mundial e fizeram na China com a colaboração de diversos governos dos Estados Unidos fossem republicanos conservadores fossem democratas esquerdistas que acreditavam nesta política de aproximação e investimentos maciços na economia chinesa na vã esperança de mudarem o regime e assim iriam derrubar o comunismo criando uma cultura capitalista liberal e por consequência mudariam para uma democracia e mesmo com políticos republicanos intensificando a

injeção de capital governamental americano na economia chinesa não conseguiram mudar os rumos do regime político Chinês

que continua sendo uma sanguinária cruel e estúpida ditadura comunista e estes investimentos acabaram por empanturrar o dragão chegando ao ponto dos Estados Unidos ficarem dependentes da produção industrial chinesa e também nas mãos dos comunistas o grosso da dívida interna americana e quem disse que os comunistas não gostam de dinheiro queimou a língua e este fato demonstrou para presidentes americanos que esta fórmula não funcionou e que agora é necessário pensar em uma outra saída para conter o expansionismo chinês e para completar o golpe mortal nas democracias e para reduzi-las a nada os comunistas e progressistas inventaram e já praticam itens de um outro conceito que é o do ativismo judicial confrontando e desafiando os outros dois poderes nas democracias e invadindo competências e desequilibrando a harmonia entre os poderes pilares de uma república democrática e desta cizânia tiram proveito os comunistas e seu plano de desconstruir tudo pela frente

infiltrando-se nas instituições de mando nas democracias através dos seus soldados sem fardas

que pacientemente vão se submetendo ao escrutínio e regras para admissão nas instituições que acabam ocupando legalmente cargos nas procuradorias de justiça dos ministérios públicos e no quadro de juízes como a Open Society uma organização nefasta de um bilionário globalista que faz isto nos Estados Unidos eles financiam pessoas ambiciosas de esquerda para cumprir todo ritual legal visando participar das eleições para deputados senadores prefeitos governadores presidentes promotores juízes e delegados no fim ficam amarrados aos globalistas em uma operação que leva tempo coisa que os comunistas têm bastante e bilhões de dólares coisa que não falta no caixa da Nova Ordem Mundial e no Brasil nesta fila aguardam no banco de reserva os apaniguados de políticos para serem nomeados desembargadores(as) ou ministros(as) da Suprema Corte pelo presidente e pelos governadores está tudo errado o gestor nomeando quem vai fiscalizá-lo somos feitos de palhaços sem cerimônia alguma e nunca esqueçam a Venezuela só se tornou uma ditadura comunista graças ao aparelhamento da Suprema Corte e do Exército e por aqui pelo Brasil vamos na mesma guinada dada pelo Grupo de Puebla e vendo o mesmo filme no Supremo e nas nossas frouxas armadas e os nossos generais melancias submissos aos comunistas quando a suprema vergonha nacional proíbe transparência nas eleições e blinda os corruptos ilegalmente legisla e ainda rasgam a Constituição e porque também o povo se nega a ocupar pacificamente o entorno do Supremo para se manifestar de acordo com a Constituição com medo do que ocorreu nas manifestações dos quartéis e só sair com a renúncia deste atual colegiado de víeis totalmente comunista e

novas gerações de pessoas lobotomizadas pela seita comunista apresentam-se todos os anos

para ocuparem cargos fazendo concurso para juízes e promotores de justiça e estes profissionais estão irremediavelmente impregnados da cultura marxista pelas universidades e faculdades e como tal perderam a condição moral de julgadores imparciais e isentos e esses comunistas vieram para instrumentalizar o judiciário criando e disseminando um apêndice malandro de poder com o tal ativismo judicial que na prática forense desprezam as leis existentes e decidem interpretar ou desafiar as Leis existentes nas causas que atuam e tudo fora da letra fria da lei e fazem um malabarismo intelectual safado para dar um ar de legalidade nas suas sentenças despachos e pareceres com interpretações ora esdrúxulas ora inconstitucionais e ora nitidamente com viés ideológico e ainda usurpam atribuições do poder legislativo na maior cara de pau criando Leis através de decisões que firmam jurisprudências seguida por todas as instancias do judiciário e assim surgem novas leis sem passarem pelo parlamento que analisa temas que vão interferir na vida das populações para criarem Leis e muitos dos temas que ministros do supremo transformam na marra em Leis já foram apreciadas pelo Congresso brasileiro mais por serem temas complexos e polêmicos não tiveram o consenso necessário para aprovação ou as matérias foram rejeitadas como a nefasta obrigatoriedade da ideologia de gênero nas escolas e que os ministro da Suprema Corte brasileira querem retomar e impor a sociedade sob o falacioso discurso de que o Congresso não apreciou a matéria muito bem e isto não configura negligência ou prevaricação dos legisladores e aproveitando-se desta polêmica alguns juízes de primeira a última estância usam e abusam do ativismo judicial em favor de sua ideologia reforçando que os objetivos de desconstruir as instituições democrática no judiciário também fazem parte deste plano e na "Banânia" brasileira o ativismo judicial ganhou contornos de ilegalidade e escândalo sem precedentes na história do judiciário com a maioria do atual colegiado da suprema corte rasgando a Constituição e invadindo a competência de outros poderes sem ter os poderes para tanto e de uma maneira tão descarada tão acintosa que evidencia a certeza de que seus atos ilegais não teriam uma reação de protesto do legislativo como de fato não houve e no executivo somente no governo conservador do presidente Bolsonaro houve uma reação de protesto sistemático contra o ativismo comuno-judicial sufocante e da parte do povo alguns milhões protestando pacificamente nas ruas mas que na "democracia" brasileira foram presos aos milhares de uma só vez ilegalmente com uma decisão monocrática de um ministro da Suprema Corte e a uma maioria da população estupidificada inerte com a bunda enterrada na poltrona desiludida reclamando da situação pela internet #stfvergonhamundial e não vimos nada acontecer da parte menos corroída das instituições que deveriam usar o instrumento constitucional existente para frear os ocupantes das capas pretas suprema que desviaram-se de sua competência

aonde o ativismo judicial praticamente instalou uma verdadeira ditadura do judiciário com juízes criando Leis

e ao mesmo tempo negligenciando ou desobedecendo outras Leis existentes ou desautorizando as Leis já votadas no Congresso e também interferiu em atos da competência do executivo de um governo conservador e estes obedientes juízes ministros desembargadores e procuradores de justiça foram escolhidos a dedos por uma quadrilha do Grupo de Puebla chamado "petralha" ungidos somente entre os seguidores da seita comunista para ocuparem os cargos por concurso ou indicação mais é preciso fazer parte da seita para tentar uma boquinha no Judiciário dos governos comunistas e este é o resultado mais danoso do ativismo para as democracias que são juízes e promotores interpretando Leis e a Constituição e não aplicando-as e se a intenção era causar insegurança jurídica somos descaradamente os primeiros no mundo mas não era essa a intenção dos comunistas e globalistas o que querem é o fortalecimento do ativismo judicial porque faz parte do conjunto de ações para o aprisionamento da máquina pública e postos de mando e os setores aparelhados fazem o que manda o chefão da quadrilha "petralha" que aparelhou todas as instituições no país e as têm sob seu comando sempre às ordens do Grupo de Puebla que para destruir de vez a honra a moral e a decência deste atual colegiado da Suprema Corte mandou libertar o chefão em uma manobra sem nenhuma sutileza ou desfaçatez e sem fundamentação legal anularam todos os julgamentos dos réus da operação lava-jato e livrando o chefe da cadeia que todos conhecem pela alcunha de o "bandido nove dedos" um dos chefões do Grupo de Puebla e sem a menor vergonha o colegiado participou ativamente e ao arrepio da Lei para a volta deste crápula safado no comando do país isso só sendo possível com a ajuda descarada de ministros da suprema corte escolhidos pelo próprio bandido e sua quadrilha livrando da condenação justamente ele o "bandido nove dedos" e

nenhum deles declarou-se moralmente impedidos de julgar o criminoso que os colocaram na suprema corte

e que pasmem candidatou-se novamente e venceu as nebulosas eleições de 2022 em um processo eleitoral totalmente controlado pelos comparsas do "bandido nove dedos" levantando mais uma vez a suspeita de urnas eletrônicas com vontade própria algoritmos vulneráveis e apurações secretas e inauditáveis ou com a ajuda insuperável dos estúpidos humanos brasileiros que votam em bandido fora este detalhe por trás deste movimento no judiciário estão as ações de globalistas em todo o mundo colocando no poder seus marionetes e aqui não foi diferente e até da maior nação democrática do mundo também quando os globalistas colocaram um demente senil acusado de pedófilo para "governar" entre muitas aspas os EUA e isto não é pouca coisa enfim destruir as democracias são as principais peças a serem conquistadas pelos comunistas e sociais democratas incluindo globalistas para concretizar a loucura de um governo mundial todas elas estão no tabuleiro abertamente e o cerco ao mundo conservador e libertário vão fechando-se e não ficando de fora nada incluindo a doutrinação de jovens do ensino fundamental até o superior e a imposição de uma agenda marxista com vários absurdos velhos e novos como a idiota tese da ideologia de gênero e a bem sucedida guerra cultural que destrói a memória das nações passando pela supressão das liberdades religiosas ameaçadas por um excomungado anticristo usurpador do trono de São Pedro que já prega abertamente a união das religiões em uma só e vejam que até a Igreja Católica já entrou no samba LêLê da Nova Ordem Mundial sem uma definição clara do que vai ser uma religião só e qual entre as maiores religiões a que vai prevalecer se o catolicismo ou o islamismo ou a fusão das duas ou se vamos descambar para o ateísmo pura e simplesmente e o núcleo familiar esfacelado pela insanidade da ideologia de gênero imposta pelos comunistas da ONU e que a comunidade de Conceição do

Mato Dentro nos cafundós do Brasil por exemplo terá que cumprir e irá receber ordens de um parlamento mundial bem distante e sabe-se lá de onde impondo suas leis universais desprezando todas as peculiaridades regionais de cada canto do mundo e que também não são as leis da natureza haja visto esta tal de "ideologia de gênero" e não serão Leis que atendam as necessidades de cada povo e do lugar e o ativismo judicial veio para criar outro impasse com um dos pilares das democracias e esculhambar com tudo e eu só não sei no quê tudo isso vai dar esperando estar vivo para assistir de camarote a sinfonia deste novo normal na reengenharia social do pós "fraudemia" de matéria plástica do vírus chinês ou será uma pena e vou lamentar muito não estar vivo para assistir na internet e comendo pipoca a refrega monumental que se dará entre os globalistas contra os comunistas e mais os muçulmanos de quebra lutando por fora contra os globalistas e comunistas pelo comando deste tal futuro governo mundial e será a guerra do milênio pelo controle do poder no mundo e o leitor chega até aqui querendo ler algo mais sério e depara com uma narrativa requentada que parece um enredo chinfrim de ficção científica para revistas em quadrinhos com personagens psicopatas querendo dominar o mundo também poderia escrever estas estórias copiando e colando do noticiário atual e no entanto não é imaginação e o que escrevi não é ficção e vem da observação do noticiário atual e da compreensão de cada passo dado pelos comuno-globalistas e listados aqui neste calhamaço e pela leitura honesta da realidade imediata do que está acontecendo agora no mundo e os protagonistas já botaram o focinho para fora com uma aliança diabólica imbatível no momento entre as elites bilionárias globalistas e os seus cães de guarda comunistas e se a maioria da humanidade é mesmo estúpida como parece que é realmente nunca saberá do que se trata o comunismo o capitalismo o globalismo o islamismo a democracia e para estes oligofrênicos qualquer regime é a mesma coisa e não é saibam que os regimes são diferente nos aspectos mais cruciais e a diferença crucial e fundamental é que nos regime socialista e islâmico reprimem-se prendem-se ou assassinam-se legalmente ou na sub-reptícia todos os dissidentes e compare com o que se faz no estado de direito das democracias e logo os oportunistas se apresentarão para cuidar e guiar estes estúpidos nas suas miseráveis vidas e que este documento não aprofunda nem tenta descobrir as causas e razões de existirem uma minoria de estúpidos humanos do primeiro grupo e uma maioria estúpida de humanos do segundo grupo que obedecem cegamente aos psicopatas genocidas décadas após décadas e o certo é que seria necessário um estudo mais apurado juntando observações de especialistas para definir quais são estas causas e como desarmar este mecanismo que já levou a estupidez humana aos maiores limites de incivilidade e com a corda toda esticada nesta trajetória planetária e não é este o propósito deste parco depoimento que objetiva somente constatar a existência dos dois grupos de estúpidos humanos e na existência de três grupos muitos poderosos que no momento são aliados para juntos destruírem as democracias e a cultura judaico-cristã mas que em breve irão desfazer estas alianças disputando entre si o poder mundial sobre o resto dos estúpidos humanos e este relato apenas toca superficialmente na experiência humana aqui na terra após seu surgimento e concluir que chegamos a este patamar de desconstrução da civilização ocidental que fatalmente a levará ao colapso e das democracias também e o fim melancólico das liberdades individuais e demais conquistas nesta trajetória humana no planeta e tudo porque existe uma quantidade gigantesca de estúpidos humanos e é fato que existe caso contrário a humanidade não passaria por tantos tiranos como um Stalin ou Hitler e esta cultura marxista pilantra não chegaria aonde chegou à toa e com um quantitativo de cabeças de bagre que se conta hoje aos bilhões provando inequivocamente que na Terra a maioria dos seus habitantes padecem de alguma anomalia que os deixam estúpidos de uma forma tão apoplética que espantosamente ficam flertando com seus algozes sem

ter a mínima noção do que estimulam e não sabem o que é ter que viver em um regime comunista

pensam que terão o que os pregadores do regime prometem que vocês terão mas que quando implantado tudo muda e a repressão aumenta e a censura é oficialmente instalada e a perseguição política e religiosa recrudesce o pão e o circo são rigorosamente controlados seus filhos entregues compulsoriamente ao Estado seus bens confiscados seus negócios taxados até o estrangulamento financeiro e quando se derem conta a realidade já os pegou em cheio e continuem acreditando que os regimes comunistas não fazem nada disso e se duvidarem conheçam cada país que adotou o regime e vejam a sua involução econômica e social ao longo do inverno vermelho de sua existência e não se comenta aqui do desabastecimento constante de suas populações provocando a fome e o desemprego como resultantes de economias planejadas de regimes comunistas mas para boa parte dos estúpidos humanos as palavras ditas ou escritas sinalizando para os perigos não bastam não significam nada para eles que precisam ver e sentir na prática o que é aquilo que foi mostrado e falado mas que eles não acreditam que possam existir então só sentindo na pele mais acontece que estes estúpidos humanos arrastarão consigo outros bilhões que sabem que regimes

comunistas são genocidas e opressores e assim esses também pagarão pela estupidez dos estúpidos humanos do segundo grupo

e para consolidar seu poder sobre esta massa gigantesca de gente obtusa que poderia se salvar e a nós todos se essa mesma maioria usasse apenas o cérebro como uma arma para destruir ideias inumanas no nascedouro a realidade mudaria e assim não teríamos este festival de incivilidades como a cultura marxista a Nova Ordem Mundial a Teoria Crítica a ideologia de gênero a Dialética Negativa a Teologia da libertação o novo normal a linguagem neutra que é a gramática do Muçum e outras macaquices de burgueses marxistas para ocupar suas vidas vazias já que não precisam lutar para ganhar o pão e podem ter certeza que por trás de uma mente revolucionária desocupada existe um capitalista que sustenta o vagabundo e hoje mais do que nunca os metacapitalistas sustentam os comunistas ou melhor os comunistas trabalham para as elites bilionárias globalistas e chegou a hora de ir amarrando as pontas aparentemente soltas do plano de governança mundial verificada na gigantesca teia tecida pela Nova Ordem Mundial que já une os trilhões de dólares dos metacapitalistas com o fanatismo canino dos comunistas e a subserviência figadal dos social democratas todos eles corruptos formando o elo político

para aprovação de Leis desestruturantes nas democracias como a estúpida ideologia de gêneros ou a discriminatória homofobia e a imoral legalização da pedofilia tudo como estamos vendo em todo o mundo democrático

e quando não são aprovadas pelos parlamentos os juízes ativistas entram gloriosamente em cena com suas capas pretas esvoaçantes para usurpar o papel do legislador e aprovar as Leis desestruturantes via jurisprudência dando um passa moleque nas sociedades e nos parlamentos que rejeitaram-nas então temos o ativismo judicial como acréscimo a uma outra parte que se une na teia do globalismo e já temos nesta teia como resumo as ações desestruturantes na *política* criando Leis na *justiça* com o ativismo judicial de magistrados no *social* com propostas de mudanças comportamentais inumanas como parte do plano de destruir as civilizações judaico-cristã através de proposições agendadas por uma

minoria histérica que viram de cabeça para baixo os valores morais das sociedades conservadoras ocidentais relativizando ao extremo uma estrutura moral esculpida por milênios pressionando a sociedade e os parlamentos para que legalizem suas taras obsessivas

e a destruição destes valores continuam no *ensino* como outro fio da grande teia que os globalistas tecem para alcançar seu objetivo principal introduzindo mudanças radicais na *educação* formal utilizando organizações como a UNESCO para respaldar e subsidiar uma revolução psicopedagógica de caráter internacional já em curso visando transfigurar culturalmente as futuras gerações através de uma manipulação psicológica de crianças agora como instrumento revolucionário denuncia o livro "Maquiavel Pedagogo" do jornalista engenheiro e professor Pascal Bernardin publicado em 1995 que classifica estas práticas propostas e já implementadas no mundo de indignas desumanas antidemocráticas e totalitárias e juntando-se a teia globalista temos o fio da *religião* mais poderosa do mundo assaltada e cooptada para fazer parte deste plano com o golpe dos Cardeais adeptos da Teologia da Libertação que destituíram e aprisionaram o Papa conservador Bento XVI numa cela sacerdotal e colocaram no comando da Igreja Católica um excomungado comunista que em seus pronunciamentos tenta arrastar o rebanho para um improvável globalismo religioso como querem os comunistas e a Nova Ordem Mundial e nesta teia maligna não podia faltar o fio da *economia* uma especialidade dos metacapitalistas que comandam o Fundo Monetário Internacional e o Fórum Mundial Econômico o Banco Interamericano Desenvolvimento e o grupo dos sete países mais ricos do mundo todos eles

trabalhando ativamente e como parte integrante do projeto de governança mundial e que acabaram de propor a criação de um imposto global

em sua reunião anual de 2021 pago por todas as nações para criação de um fundo que servirá para combater o fraudulento aquecimento global e adequar eventuais transtornos sociais e econômicos na implantação da governança mundial e isto é de um cinismo revoltante é um escárnio este imposto que o mundo todo vai pagar para satisfazer os devaneios totalitários de uma pequena elite bilionária criadora e mantenedora do globalismo e que ainda querem que financiemos uma tirânica governança mundial e temos ainda nesta teia macabra o fio do *ambientalismo* engana trouxas e ativistas com a tal crise climática e todo o mundo mandando ver o mantra que é um só queremos a Amazônia queremos a Amazônia mais não querem a floresta cheia de mosquitos e malária e sim seu subsolo e antes disso esgotar sua biodiversidade e o fio mais sensível aos humanos desta enorme teia globalista que as elites bilionárias e os comunistas tecem é o fio da *saúde* marcada por pesquisas invasivas em humanos e a explosão de pandemias fabricadas em laboratórios para na sequência e seguindo os planos dos globalistas "... *novas vacinas... reduzir a população em 10 a 15%...*" como nas palavras de Bill Gates em palestra na ONG Tecnologia Entretenimento e Design no ano de 2010 como afirmou Carlos Artiz em seu livro já citado e que as mídias tradicionais propositalmente não deram destaque ou importância nem ao tema e nem ao palestrante e o que estamos assistindo agora é o plano de reduzir a população na prática e apressaram-se na

fabricação de vacinas sem comprovação de segurança e eficácia e contaminam a humanidade toda com imunizantes experimentais

e obviamente sem comprovação científica e que ninguém ainda sabe seus efeitos colaterais no médio e longo prazo isto se o vacinado não falecer meses após a primeira picada e de quebra compulsoriamente levado a inocular partículas estranhas como

nanos chips para experiências nefastas e ainda faturando
bilhões de dólares e não preciso dizer que os maiores
laboratórios fazem parte das corporações controladas por
globalistas porque todos sabem que são e sob os pilares basilar
das democracias os globalistas vão tecendo sua monstruosa teia
ora comprando as consciências de canalhas compráveis ora
comendo o juízo da humanidade pelas beiradas usando ONGs e
imprensa atuando na base do patético "é para o seu próprio
bem" e da repressão e do pavor ao estilo fascista de persuasão
de estúpidos humanos e caminhando para encerrar não poderia
deixar de escrever alguma coisa sobre os bilhões de idiotas
úteis gramscianos que hoje dão suporte a causa comunista nas
democracias sem saberem que o fazem e com sua mentalidade
de chipanzé acham normal algumas ideias psicopatas dos
comunistas e terminam apoiando e votando em candidatos
"esquerdopatas" e politicamente ainda se dizem neutros e
completam "não tenho político de estimação" ou ideologia mas
que não vota de jeito nenhum em conservadores por puro
preconceito introjetado pelas escolas pelas mídias pela arte e
pelas universidades ou de ouvir alguém falar mal ou por puro
desconhecimento do que seja o conservadorismo colocando
uma pá de cal na esperança dos conservadores em atrair uma
parcela deste contingente para o debate político jogando
alguma luz na discussão e buscar apoio mais não adiantaria
nem por um decreto porque

*o idiota útil é um subproduto coadjuvante da doutrinação comunista
de décadas nas universidades nas artes e imprensa já vem pronto
para ser manipulável o que explica parte da derrocada da experiência*

e com a não participação dos idiotas úteis que como se sabe não tem lado e uma postura reticente ambígua que desencoraja mais ainda os defensores das democracias que também não criaram nenhum mecanismos em sua defesa e deixaram muitas brechas para a infiltração dos soldados comunistas sem fardas abrigados no imenso chapéu da liberdade só encontrado nas democracias e graças a estes idiotas úteis o mundo ocidental livre caminha para uma perspectiva de destruição como planejado pelos comunistas e seus patrões globalistas todos seguindo orientações da "bíblia" do gigolô de burguesa para a desconstrução de tudo e de todos para enfim implantarem a utopia socialista e os conservadores caíram numa cilada que pode não ter mais volta e cito os Estados Unidos da América como a maior democracia do mundo ocidental que tem nos inscritos constitucionais as premissas de total liberdade para seu povo mas que vem sendo destruída em seus princípios basilares pelos idiotas úteis americanos porque gozam desta mesma liberdade total e mal sabendo esses idiotas úteis que o que eles defendem agora jamais poderá ser defendido ou dito em um mundo comunista obscurantista e totalitário sem futuro sem liberdade mas que incompreensivamente os idiotas úteis lutam para viver em um mundo assim como naqueles regimes totalitários e com isto posso afirmar sem erro que é uma típica e clara manifestação da estupidez humana ou chamamos isto de suicídio coletivo provocado e a mesma liberdade que lhes foi concedida pelos fundadores daquela nação agora recebem em troca toda traição e ingratidão apenas porque os pioneiros desejavam que todos os que vivessem naquelas terras fossem livres para fazerem o que quisessem e que preservassem estes valores e jamais imaginando que um bando de estúpidos humanos fossem querer a tirania e a falta de liberdade e são os mesmos idiotas úteis que não farão a guerra contra o totalitarismo comunista e serão escravos dele e quando acordarem será demasiadamente tarde e podem fazer bilhões de grandes redefinições mundiais recomeços reprogramações e novas formatações porque enquanto existirem os dois grupos de estúpidos humanos na face terrestre nada vai mudar de verdade e combater e modificar o status-quo que se apresenta hoje e no futuro com esta perspectiva globalista associada ao comunismo começa a entrar em uma situação impossível de se reverter no curto prazo e daqui para a frente a conclusão é desanimadora e levaremos o mesmo tempo que os globalistas e comunistas levaram para a construção desta cultura hoje dominante para assim e só assim tentar equilibrar as tendências e recuperar as liberdades individuais que serão retiradas à força dos estúpidos humanos do segundo grupo porém há uma nesga de esperança com o reaparecimento de jornais e revistas digitais blogs e YouTubers comprometidos com a verdade dos fatos e tudo pela internet porque as mídias tradicionais estão alugadas ora para os globalistas ora pra os comunistas e para equilibrar e ampliar os espaço para discussão do pensamento conservador é necessário chegar aos grandes grupos de comunicação e formadores de opinião e que os alunos das universidades criem grêmios, periódicos e uma programação de atividades com palestras encontros simpósios exibição de filmes e vídeos para difundir e discutir também o pensamento conservador em contraponto a hegemonia do pensamento marxista principalmente nas universidades e entrar com força na discussão e embate de ideias há muito esquecido propositadamente pelos adestradores acadêmicos é o que nos ensina o filósofo e professor Olavo de Carvalho um dos responsáveis pelo redescobrimento do conservadorismo no Brasil e quando o "bandido nove dedos" foi eleito em 2002 eu cansei de ouvir de jovens e até velhos que eles governariam por vinte anos tal era a certeza de que a população já estava suficientemente anestesiada pela cultura marxista e que eles se perpetuariam no poder e eu dizia mais "pera lá" isso se o povo quiser e demorou muito mais enfim em 2013 uma parcela do povo saiu da letargia sacudidos por um fenômeno repentino de tomada de consciência coletiva acendendo o estopim do nacionalismo brasileiro para o reencontro das massas com suas origens conservadora reivindicadas nos protestos e pelo estrago enorme que fizeram nas pretensões e cronogramas políticos dos "esquerdopatas" apesar dos esforços contrários das elites intelectuais das academias e das redações aparelhadas pelos globalistas e dos veículos tradicionais da imprensa e que mesmo assim

ainda não conseguiram deter ou modificar a vocação para o conservadorismo que a natureza humana tem

e é tão latente no povo brasileiro e também em outros povos espalhados pelo mundo que bastou algumas pessoas com o conhecimento e a capacidade de transmitir e aglutinar para haver uma reviravolta no projeto de poder dos comunistas e que estamos vivemos hoje e ficamos anos adormecidos e massificados aguardando alguém que reacendesse o que tínhamos no íntimo de nossas mentes como aquele básico direito as liberdades individuais e o pensamento livre e isto são propósitos conservadores portanto temos muito trabalho pela frente e mãos à obra recuperar o tempo perdido e formar novas gerações que possam enfrentar o pensamento unitário marxista e isso vai demorar até que haja um equilíbrio realista entre as correntes de pensamento e para que todos conheçam bem e a fundo cada escolha que fazem hoje sabendo essencialmente o que cada uma delas representam para as nossas liberdades individuais e de expressão para nossas propriedades e negócios nossos direitos de ir e vir nossas liberdades religiosas e tendo a família como núcleo primário de uma organização social inviolável assim como o direito a propriedade e complete estudando o que cada um dos regimes já ofereceram ás nações que os adotaram e compare-os sem afetação ideológica usando somente o raciocínio e escolha qual o melhor para você sua família seus amigos e vizinhos e finalmente chegamos na encruzilhada de que falei no inicio do relato destas impressões

viver entre a liberdade das democracias ou a opressão dos regimes comunistas reflitam bastante nesta escolha do que ainda resta de livre arbítrio nas democracias e se escolherem o comunismo para governar o mundo como escolheram os globalistas saibam que esta será a sua última escolha e para entender o que está acontecendo aqui e agora precisamos conhecer o contexto que ultrapassa a sua rua seu bairro seu município o estado e o país se não entendermos que estamos em uma guerra mundial assimétrica sem invasões sem soldados sem tiros ou bombas então todo esforço para combater o inimigo será em vão é uma guerra não declarada nem tão silenciosa entre a aliança de comunistas com globalistas contra a humanidade e os estúpidos humanos do segundo grupo colaboram com os genocidas psicopatas da atualidade e todos sabem qual foi o alvo da psicopatia de Hitler era um só povo já os comunistas neo-fascistas globalistas querem controlar subjugar e punir toda a humanidade e o mundo livre tem que parar essa malta de assassinos ou será a maior prova de que a humanidade ou melhor os estúpido humanos do segundo grupo são coniventes e omissos e sua tara obsessiva pelo masoquismo fica mais evidente quando escolhem quem irá oprimi-los e partindo para pedir a última e fechar a conta minha impressão é de que Aldous Huxley e George Orwell sem querer ou querendo passaram de ficcionistas à profetas e que suas obras creio foram pensadas e escritas com o intuito de alertar os estúpidos humanos do segundo grupo para o que vinha a seguir e com elas ajudassem a impedir um futuro sombrio cinzento e desumano do "grande irmão" e hoje é o que assistimos acontecer um presente sombrio cinzento e desumano e tudo poderia ser diferente caso os estúpidos humanos do segundo grupo compreendessem o que estava por vir e que se anunciava nas obras literárias e que a percepção dos ficcionistas já captavam mas os estúpidos humanos do primeiro grupo entenderam as obras como um manual prático de como dominar o mundo ou deturpando para um roteiro a ser seguido na concretização de um governo tirânico mundial e é a realidade imitando a arte literária tudo descrito nas obras de ficção pulando para a realidade e os estúpidos humanos sem noção aderindo comodamente a passagem da democracia plena para regimes totalitários sendo posto a prova toda sua covardia e estupidez e o lamentável efeito manada para as escolhas políticas cravam que a unanimidade é burra como bem já disse o nosso "reaça" favorito e que estratifica bem o momento político atual forçadamente desequilibrado para a esquerda com a hegemonia da cultura marxista sendo massificada em escala global e que os estúpidos humanos dos dois grupos vivem hoje deslumbrados com os regimes totalitários cada um a seu modo e interesses e nesta refrega meu prognostico é que vai dar o profeta João Batista na cabeça com seu Apocalipse e em breve o anticristo um mortal estúpido humano do primeiro grupo indicado ou da panelinha da Nova Ordem Mundial governará o mundo na forma metafórica de um demônio com chifres alteados e que o mundo vai ser um inferno ou já é e a paz jamais reinará na Terra a não ser que haja um milagre e os estúpidos humanos do segundo grupo despertem do torpor milenar e saiam em defesa incondicional dos direitos civilizacionais construídos e consolidados até aqui nos valores morais em que se fundaram a civilização judaico-cristã e que trouxeram a humanidade até nossos dias com toda liberdade mais que estão sendo destruídos violentamente dia-a-dia no mundo ocidental pelos comunistas e globalistas para implantação de uma governança mundial e uma reação a esta hecatombe social política e econômica deveria ser a grande discussão do momento o grande debate mundial nas mídias e universidades para levantar este assunto a exaustão até chegar a todos os estúpidos humanos para acordarem e lutarem ou aceitarem o chicote como veem infelizmente cedendo aos novos fascistas da contemporaneidade aceitando o curral e o matadouro e estamos em uma guerra mundial assimétrica e o que acontece hoje no Brasil com o STF o Congresso e toda a imprensa é parte desta guerra e comunistas associados às elites bilionárias comandam as operações mais se você não acredita olhe e preste atenção eles já chegaram na sua porta

e então sejam bem vindos ao admirável mundo novo de 1984 e nem tão novo assim da estupidez humana...

Referências

Stanley Milgram, Estudo Comportamental da Obediência.

Salomom Asch. Teoria da Conformidade Social.

Portal da Transparência/cartório, site governamental, https://transparencia.registrocivil.org.br/cartorios

Guilherme Fiúza, canal Youtube, https://youtu.be/PsL-9Ahk1XM

Dr. Roger Hodkinson em entrevista ao site do Instituto Rothbard em 14 de dezembro de 2020. https://rothbardbrasil.com/a-maior-fraude-ja-perpetrada-contra-um-publico-desavisado/

Olavo de Carvalho, Revista Isto É de 23 de junho de 2001.

Dr. Michael Yeadon em entrevista ao site do Instituto Rothbard em 14 de dezembro de 2020. https://rothbardbrasil.com/a-maior-fraude-ja-perpetrada-contra-um-publico-desavisado/

Carlos Astiz, *Bill Gates Reset! Vacinas, aborto e controle social*(Libros Libres), https://logosapologetica.com/bill-gates-seu-globalismo-e-a-persistente-obsessao-em-eliminar-parte-da-populacao-mundial/

Christine Lagarde,. https://observador.pt/factchecks/fact-check-christine-lagarde-disse-que-a-longevidade-dos-idosos-era-um-risco-para-a-economia-mundial/

Klauss Schwab, entrevista para a Radio Télévision Suisse. https://www.youtube.com/watch?v=IJcey1PPiIM&list=PLICuUwxQDKO4Bb190u27on-nsFLHseJM1

Pascal Bernardin, Maquiavel Pedagogo, ed. Ecclesia e Vide Editorial, Campinas, 2012, 159 p.

Mário Vargas Llosa, A civilização do espetáculo, Ed Objetiva, 2013, (p. 24, 25, 33 e 34).

Mauro Iasi - https://www.youtube.com/watch?v=wuTT7-OgStM

Escola de Frankfurt - https://www.youtube.com/watch?v=EsWKCBzD5eE&t=8s